Actividades de venta

Guía para el docente y solucionarios

Editado por: IC Editorial
c/ Cueva de Viera, 2, Local 3
Centro Negocios CADI
29200 Antequera (Málaga)
Teléfono: 952 70 60 04
Fax: 952 84 55 03
Correo electrónico: iceditorial@iceditorial.com
Internet: www.iceditorial.com

**Guía para el docente y solucionarios:
Actividades de venta**

1ª Edición

ISBN: 979-13-7027-071-1
Depósito Legal: MA 1802-2025

Impresión: PODiPrint
Impreso en Andalucía – España

Nota de la editorial: IC Editorial pertenece a Innovación y Cualificación S. L.

Índice

Guía para el docente: técnicas de enseñanza y aprendizaje

Contenido

1. Introducción

El presente capítulo está destinado a ofrecer al cuerpo docente responsable de la enseñanza del programa de cualificaciones profesionales y certificados de profesionalidad, una guía metodológica para obtener el máximo rendimiento de los contenidos formativos que han sido desarrollados para el presente título.

La mejora de las habilidades comunicativas y la aplicación de una metodología contrastada de enseñanza, aprendizaje y evaluación permitirá transmitir el conocimiento y adquirir el programa formativo de la forma más efectiva y práctica posible.

Estudiaremos cuáles son los principales elementos que forman parte de la comunicación profesor-alumno, a través de una cuidada selección de sistemas de planificación de estrategias didácticas, así como la utilización de medios y recursos didácticos.

La integración de todas las actividades planificadas alrededor de un plan de formación adaptado e individualizado, aumentará además la satisfacción del alumnado por la utilización de un sistema no lineal e interactivo que se retroalimenta gracias a la relación establecida entre la propia metodología y los actores que forman parte de la enseñanza.

2. El programa de formación

Una de las claves del éxito de la mayoría de las actividades que se realizan en general, y concretamente en la formación, es la **programación.** Es necesaria la programación de las acciones formativas, para que así se pueda alcanzar el objetivo final, es decir, que el alumno obtenga una buena capacitación y adquiera nuevos conocimientos en su repertorio y que, después, sea capaz de emplearlos en su trabajo.

2.1. Definición de programación

Cuando se habla de **programación,** se pueden encontrar multitud de definiciones. Para sintetizar, se podría definir como la actividad de enunciar lo que se quiere hacer (objetivos, contenidos, métodos, temporalización, medios y recursos didácticos y evaluación).

 **DEFINICIÓN**

Programación
Es un plan donde se establecen las acciones que se van a realizar en un proceso de enseñanza-aprendizaje, por medio de un formador o un equipo.

A continuación, se va a describir una serie de características que tiene que tener una programación didáctica:

- Dinámica. Una programación no es estática ni está acabada, siempre está en constante revisión, de ahí su dinamismo. Además va cambiando o evolucionando según los resultados de la evaluación continua que se va realizando durante la ejecución de la acción.
- Flexible. Esta característica permite que se puedan hacer cambios, ampliaciones, reducciones y actualizaciones de los contenidos y actividades programadas, según las necesidades que se observen.
- Creativa. La programación como es un diseño propio y exclusivo, exige creatividad y originalidad. El docente es el que decide sobre el quehacer en el aula teniendo en cuenta las características del grupo, las necesidades que se pretenden satisfacer y las propias posibilidades.
- Prospectiva. La programación consiste en hacer un pronóstico de la interacción que se va a producir en el aula.

⮑ Sistemática. La programación es un proceso sistematizador que da coherencia a la acción formativa, ya que tiene en cuenta todos los elementos (objetivos, contenidos, métodos, temporalización, medios y recursos pedagógicos y evaluación) que intervienen en el acto educativo y analiza sus relaciones.

⮑ Integradora. Permite integrar elementos de cualificación técnico-profesionales con elementos de cualificación personal de alumnado.

⮑ Funcional. Toda programación debe basarse en el perfil profesional de la ocupación y estructurar los contenidos formativos que proporcionan las competencias de ésta.

2.2. Elementos de la programación

Antes de empezar cualquier programación formativa, es necesario tener en cuenta los datos obtenidos del análisis de la ocupación y del grupo al que se dirige la acción formativa. A partir de esta información, se determinan los elementos que van a conformar la programación.

Cuando se realiza la programación de un curso, hay que plantearse previamente las siguientes preguntas:

1. ¿Qué quiero conseguir con la formación?	**OBJETIVOS**
2. ¿Qué conocimientos deben asimilar los alumnos para alcanzar los objetivos propuestos?	**CONTENIDOS DEL CURSO**
3. ¿Cómo trabajamos en el aula? ¿Qué actividades son las que realizamos?	**MÉTODOS DE ENSEÑANZA**
4. ¿Cuánto tiempo tengo y cuánto dedico a cada módulo?	**TEMPORALIZACIÓN**
5. ¿Qué medios y recursos didácticos se necesitan para poder llevar a cabo esas actividades?	**MEDIOS Y RECURSOS DIDÁCTICOS**
6. ¿Cómo sabemos que se ha producido el aprendizaje?	**EVALUACIÓN**

3. Factores determinantes de la efectividad de la comunicación en el proceso de enseñanza-aprendizaje

En toda comunicación que se produzca en el proceso de enseñanza-aprendizaje, existen factores determinantes que obstaculizan o refuerzan este proceso.

3.1. Obstáculos de la comunicación

Relacionados con el emisor

- No expresar de forma clara qué mensaje se quiere transmitir.
- Comentar algo a lo largo de la explicación que no sea lo correcto y pueda resultar desagradable.
- Cambiar el tema de conversación.
- Desviarse del tema que se está tratando.
- No mirar al receptor cuando se quiere expresar algo.
- No estar atento a las señales que emite el receptor.
- Expresar alguna idea a través de los gestos que no se corresponda con la idea a comunicar.

Relacionados con el receptor

- No comprender las ideas que quiere expresar el emisor.
- No pedir explicación al emisor de aquella información que no le haya quedado clara.
- Interrumpir al emisor cuando está hablando.
- Captar algo diferente a lo que el emisor desea transmitir.

Relacionados con el mensaje

- Mensaje confuso.
- Mensaje muy corto.

⊃ Mensaje muy extenso.

⊃ Abuso de muletillas.

⊃ Utilización de frases sin terminar.

⊃ Dar "rodeos" para decir la idea principal.

Relacionados con el contexto

⊃ No ser el momento adecuado para transmitir algo.

⊃ No saber escoger el lugar oportuno.

⊃ La presencia de ruidos y de interferencias.

⊃ No pensar en las personas que están cerca.

Relacionados con el código

⊃ No utilizar el mismo código que la persona con la que se habla o a la que se escucha.

⊃ No adaptar el vocabulario a la situación o a la persona con la que se conversa.

⊃ Utilizar el doble sentido.

3.2. Sugerencias para el mejor funcionamiento de la comunicación

Emisor

⊃ Acostumbrarse a planificar la comunicación.

⊃ Concretar visiblemente los objetivos.

⊃ Buscar la retroalimentación en la comunicación.

⊃ No tratar de impresionar al receptor.

Mensaje

⊃ Que sea claramente entendido por el receptor.

⊃ Que la terminología usada sea de referencia común.

⊃ Que reclame la atención y el interés del alumnado.

⊃ Que sea sencillo de interpretar.

⮞ Que su contenido sea adecuado y convincente.

⮞ Que produzca el máximo efecto posible.

Canal

⮞ Que sea el más apropiado al grupo al que se dirige, al contenido del mensaje y al objetivo que persigue el formador.

⮞ Que sea el que cause mayor impacto en el receptor.

⮞ Que sea el más eficaz.

⮞ Que sea el que mejor domine el formador.

4. La comunicación verbal y no verbal en el proceso instructivo

Los medios de comunicación pueden agruparse en dos grandes bloques: los **medios verbales,** que son aquellos que usan la lengua como código compartido; y los **medios no verbales,** que son los que se fundamentan en otros códigos simbólicos. A su vez, dentro de los medios verbales, están el medio escrito y el medio oral.

Cada uno de estos medios tiene sus ventajas y sus inconvenientes, por lo que la selección del medio deberá tener en cuenta las circunstancias y ca- racterísticas que en cada caso presenta el comunicador, la audiencia y el mensaje que se ha de transmitir.

4.1. Los medios verbales

La comunicación verbal

La comunicación verbal se utiliza para comunicar ideas o dar información, opiniones, expresar o describir sentimientos, etc. Sirve de vehículo a los contenidos explícitos del mensaje. Para garantizar la efectividad de la co- municación, es necesario que el mensaje se presente de forma descriptiva y operativa, pero siempre teniendo muy en cuenta el código común del grupo al que va dirigida esta comunicación.

Un uso correcto del lenguaje oral ayuda a acercarse más a los alumnos. Los principales aspectos a considerar son los que aparecen a continuación.

Construcciones gramaticales

El objetivo será transmitir el mensaje de la manera más clara posible. Se deben evitar los giros rebuscados, la sintaxis complicada y las metáforas. En las explicaciones y conversaciones debe primar el contenido sobre la forma.

Vocabulario

Es importante saber qué palabras van a expresar mejor los conceptos que se desean transmitir y las que pueden ser comprendidas mejor por los alumnos. El análisis previo de los alumnos ayuda a saber qué términos técnicos se pueden utilizar sin problemas, cuáles se tienen que explicar y cuáles se deben evitar.

En general, siempre hay que mantenerse dentro de un lenguaje formal, evitando los vocablos demasiado coloquiales, las palabras extranjeras, las referencias académicas y expresiones de carácter religioso, político, deportivo o cultural, que pueden resultar agresivas para los alumnos.

Ejemplos

Los conceptos abstractos que pueden aparecer y que dificultan la adquisición de los contenidos, tienen que ser expresados mediante las explicaciones del formador, siempre apoyándose en la visualización.

La comunicación escrita

La comunicación escrita posee un carácter más veraz que la oral. La interacción que tiene lugar entre el emisor y el receptor no es inmediata, en algunas ocasiones no llega a producirse jamás. Este tipo de comunicación ofrece más oportunidades expresivas y mayor complejidad gramatical, sintáctica y léxica. También hay que tener en cuenta que a veces dificulta la expresión y/o puede no proporcionar *feedback* de manera inmediata.

4.2. Los medios no verbales

Al igual que las palabras, los elementos de la comunicación no verbal son signos que representan una idea (se excluyen todos los signos lingüísticos).

A diferencia de la comunicación verbal, su función no se centra sólo en la transmisión de contenido, sino que traspasa esa frontera para expresar también las emociones del emisor, controlar la interacción y proporcionar *feedback* del efecto que el mensaje produce en el receptor. Todas estas funciones son muy útiles para el formador, tanto en su tarea de transmisor de conocimientos como en la tarea de motivar y dirigir al grupo.

A continuación, se detallan las diferentes categorías en las que se agrupan los elementos de la comunicación no verbal.

Kinesia

Posturas

Una de las primeras cosas que el formador debe transmitir a sus alumnos es confianza y seguridad, lo que puede conseguirse a través de una postura erguida (sin llegar a ser arrogante), de pie, apoyándose sobre los dos pies y manteniendo la cabeza alta.

Esta postura es útil, especialmente durante la presentación del curso, porque ayuda a relajar el cuerpo, a facilitar la respiración y a controlar las muestras de nerviosismo, al tener un buen apoyo en el suelo.

A medida que avanza el curso, se pueden adoptar otras posturas que faciliten el descanso (apoyarse), el acercamiento (echar el cuerpo hacia delante) o que resten protagonismo (sentarse).

_____

Gestos

Los gestos son un buen aliado del formador, excepto cuando éste se siente incómodo o nervioso. Gestos de carácter adaptador, como rascarse o colocarse la ropa, pueden delatar su estado emocional.

La mayoría de los gestos cumplen la función de reforzar el mensaje verbal (ilustradores), aunque existen otros cuya función es regular las intervenciones cuando se dirige una discusión de grupo.

_____

Expresiones faciales

Las expresiones de la cara transmiten las emociones y permiten obtener fácilmente una respuesta del alumno.

Una expresión facial agradable, como una sonrisa no forzada, facilita la creación de un ambiente relajado en el aula. Una sonrisa puede ser muy útil también para romper la tensión que inevitablemente surge en algunas sesiones.

_____

Mirada

La mirada, junto con la postura, es uno de los mejores métodos para transmitir confianza (en momentos de nerviosismo se tiende a apartar la vista) y para captar la atención de los alumnos.

Mientras el formador habla debe mantener la mirada sobre los alumnos la mayor parte del tiempo, mirándolos el tiempo suficiente como para que se sientan atendidos pero no incómodos. También se puede utilizar la mirada durante las discusiones de grupo, con una función reguladora de las distintas intervenciones.

_____

Desplazamientos

Realizar desplazamientos en el aula capta la atención del alumnado, además de facilitar el contacto visual. Hay que procurar que no sean repetitivos o bruscos (pasear cerca de los alumnos), y cambiar de un recurso a otro (ir de la pizarra al retroproyector), etc.

 **RECUERDE**

Los recursos no verbales que estudia la Kinesia son:

- Posturas.
- Gestos.
- Expresiones faciales.
- Mirada.
- Desplazamientos.

Estos recursos pueden utilizarse tanto para reforzar lo que se expresa mediante la comunicación verbal como para sustituirlo.

_____

Proxémica

El aspecto de la proxémica que más interesa es la proximidad física entre los individuos, ya que los alumnos pueden sentirse violentos si el formador se aproxima excesivamente a ellos o, por el contrario, verle distante si no se acerca.

Se debe prestar atención a este aspecto, tanto durante las intervenciones como al distribuir el espacio del aula que se va a emplear, evitando siempre que los asientos estén demasiado juntos o demasiado separados.

Paralingüística

Para captar la atención del público, los oradores suelen hacer uso de determinados aspectos como el tono de voz o las pausas, que en algunos casos pueden parecer exagerados.

El formador, aunque emplee el método de la lección magistral, no es un orador y, por tanto, no debe prestar especial atención a estos aspectos, excepto cuando le plantean algún problema, debido a la ansiedad, al cansancio o a un mal estado de salud. Practicar en voz alta y realizar grabaciones durante la fase de preparación puede ayudar a vencer estas dificultades.

Volumen

Aunque el aula sea pequeña, se tiene que realizar el esfuerzo de hablar lo suficientemente alto para que todos los alumnos oigan las explicaciones y, a la vez, transmitir confianza. En general, el volumen se ajustará instintivamente cuando se compruebe dónde se sitúa la persona que se encuentra más alejada.

Entonación

El problema más frecuente, especialmente si se está cansado, es la monotonía, que no contribuye a captar la atención ni a motivar a los alumnos.

El interés que el formador muestre por el tema y una correcta preparación le hará destacar los puntos clave y jugar con la entonación de una forma adecuada a lo largo de toda la exposición.

Pronunciación

Los problemas se presentan especialmente cuando se está nervioso o se habla demasiado rápido. Se debe hacer un esfuerzo por articular todas las palabras de manera limpia y clara, abriendo la boca lo suficiente para pronunciar correctamente las sílabas, consonantes y vocales.

Velocidad

Una velocidad correcta puede ayudar a resolver problemas de pronunciación y de entonación. Se debe hablar a una velocidad normal o algo superior, para facilitar el mantenimiento de la atención. No obstante, si se está nervioso, se puede hablar con mayor lentitud para facilitar la respiración y relajarse. También se debe reducir la velocidad cuando se expliquen conceptos técnicos complejos o cuando se espere alguna respuesta por parte de los alumnos.

 **RECUERDE**

Los elementos que trata la Paralingüística son:

- El volumen.
- La entonación.
- La pronunciación.
- La velocidad.

Proyección física

Existen determinados factores que, sin que la persona diga ni haga nada, transmiten información y hacen referencia a la imagen física que esta persona proyecta.

Es fundamental que el formador transmita una imagen positiva para los alumnos. Se debe cuidar el aspecto externo y los artefactos que se usen, como los adornos y prendas de vestir. La manera adecuada de vestir depende de la situación y siempre debe estar en consonancia con lo que cada colectivo de alumnos espera del formador.

 EJEMPLO

Sería negativo vestir pieles para impartir un curso cuyo objetivo fuese desarrollar actitudes positivas hacia la protección del medio ambiente.

En cualquier caso, se debe llevar ropa que resulte cómoda, bien cuidada y no demasiado llamativa. A los adornos y al peinado se aplican las mismas reglas que al vestido.

 IMPORTANTE

Un objetivo fundamental del formador es dirigir la atención de los alumnos hacia el contenido que está desarrollando, nunca hacia su persona.

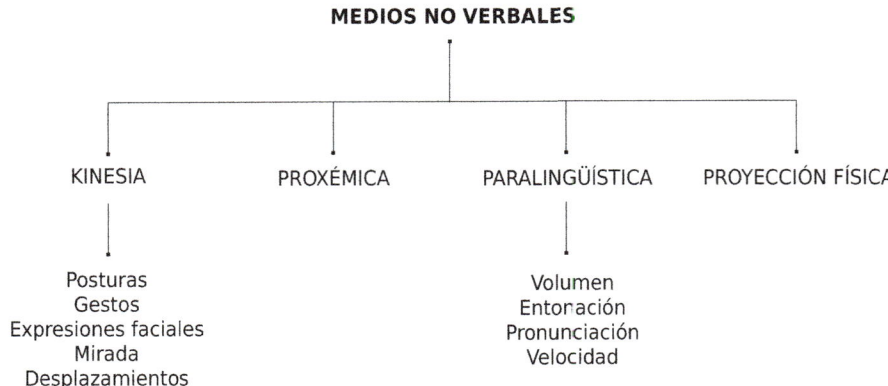

Finalmente, conviene recordar que si el formador observa atentamente la comunicación no verbal que expresan los alumnos, obtendrá una gran cantidad de información.

Hay numerosos signos no verbales que puede mostrar el alumno:

- ➲ **Atención:** posturas del cuerpo (inclinado hacia delante, hacia atrás...).
- ➲ **Necesidad de hablar:** movimientos sutiles de la boca, de la mano, etc.
- ➲ **Irritación:** movimiento de pies, manipulación de objetos sobre la mesa, etc.
- ➲ **Concentración:** tomar apuntes, mirar al docente, etc.
- ➲ **Cansancio:** cuerpo hundido, suspiros, etc.
- ➲ **Inercia:** silencios de todo el grupo, etc.
- ➲ **Desinterés:** cerrar el cuaderno, bostezar, mirar al vacío, etc.
- ➲ **Sorpresa:** levantar los brazos, abrir la boca, levantar las cejas, abrir los ojos, etc.

Si se observan estos elementos de forma atenta, se podrá obtener información sobre la comprensión del mensaje y el estado emocional de los alumnos, lo que será de gran utilidad para el formador durante el curso.

La comunicación no verbal aporta información al formador sobre los alumnos

5. Técnicas de secuenciación de contenidos

Una vez seleccionados los contenidos, hay que ordenarlos secuencialmente. La **secuenciación y estructuración de los contenidos** es el proceso que permite situarlos en una configuración que produce el máximo aprendizaje en el mínimo tiempo posible.

Algunas de las técnicas para la secuenciación de contenidos son las siguientes:

- Que los contenidos estén de acuerdo con los objetivos propuestos y con los plazos previstos para conseguirlos.
- Empezar por los contenidos más próximos y significativos para el alumno, para llegar poco a poco a lo desconocido. De esta manera, resultará más fácil introducir los nuevos contenidos.
- Ir de lo inmediato a lo remoto.
- Ir de lo concreto a lo abstracto.
- Ir de lo más fácil a lo más difícil. Esto motiva al alumnado porque le va mostrando los avances de manera rápida.

Las principales ventajas que este proceso conlleva son:

- Ayuda al participante a pasar de un conocimiento o habilidad a otro.

⮩ Garantiza que los conocimientos y habilidades previas son alcanzados antes de introducir elementos nuevos.

⮩ Reduce el tiempo de formación.

⮩ Evita la confusión y los fallos en el participante.

Estos puntos son los principales aspectos a tener en cuenta cuando se realiza la presente fase de la programación de la formación, es decir, cuando se fijan los contenidos de la formación.

6. La selección y planificación de estrategias didácticas

Las personas que realizan un curso de formación son diversas, por ello es muy importante que las estrategias didácticas se adapten, de la mejor forma posible, al contexto y permitan una flexibilidad.

 **DEFINICIÓN**

Estrategias didácticas
Son procedimientos que el formador emplea para facilitar el aprendizaje, con la intención de que éste sea significativo.

Tras la selección y estructuración de contenidos, llega el momento de decidir la modalidad de formación a seguir y la metodología a utilizar en su impartición. Pero esta decisión no se puede tomar arbitrariamente, sino que ha de basarse en unos criterios. Los criterios de decisión básicos para determinar qué estrategia y qué método de formación es el adecuado, son:

⮩ La compatibilidad con los objetivos.

⮩ Los principios generales del aprendizaje del adulto: individualización, motivación, utilidad, practicidad, intereses, etc.

⮑ Los principios de rigor, realismo y participación.

⮑ El carácter eminentemente aplicativo de los aprendizajes.

⮑ La posibilidad de transferir los aprendizajes al puesto de trabajo.

⮑ Los recursos disponibles, incluido el tiempo.

⮑ Los factores relacionados con los participantes, como el estilo de aprendizaje, la edad, el tamaño del grupo, la motivación, etc.

Una vez escogido el método, se observa que ninguno es químicamente puro, sino que unos participan de otros. Por lo demás, todo método puede ser adecuado o inadecuado dependiendo del modo en que sea empleado.

Los formadores deben utilizar los métodos flexiblemente, de la forma que mejor se adapten al estilo de formación, a la materia y a los alumnos, complementando cada método con la técnica y recurso didáctico más acorde.

7. La selección y planificación de medios y recursos didácticos

Para realizar cualquier acción formativa, hace falta algo más que elegir y aplicar unos métodos y unas técnicas. Son necesarios los medios y recursos didácticos, que van a ayudar a desarrollar la metodología seleccionada en el aula. Los medios y recursos didácticos permiten el trasvase de información formador-alumno.

 **DEFINICIÓN**

Medios didácticos
Son materiales elaborados para facilitar los procesos de enseñanza-aprendizaje.

Recursos didácticos
Son soportes mediante los cuales se presentan los contenidos del curso a los alumnos.

A la hora de escoger el medio o recurso a utilizar, se deben tener en cuenta los siguientes criterios:

- **Características de la materia o tema.** Dependiendo de la naturaleza de los contenidos, éstos pueden ser transmitidos por unos u otros métodos.
- **Los objetivos del curso.** Toda selección de medios y estrategias de enseñanza deben realizarse en función de éstos.
- **La disposición del aula y el número de alumnos.** Hay que tener cuidado, sobre todo en la visibilidad de alguno de los recursos, porque pueden perder eficacia.
- **Tiempo disponible para la formación.** Este elemento tiene que estar siempre presente, porque, en función del tiempo que se tenga, se elegirá lo que se adapte mejor a las necesidades.
- **Recursos disponibles,** ya que en algunas ocasiones están a nuestro alcance.
- **El uso que se haga de ellos,** cuál es la finalidad, qué es lo que se pretende y en qué momento se van a utilizar.
- **El nivel de conocimiento de los alumnos** sobre el tema.

Todos estos puntos se han de tener en cuenta a la hora de escoger un medio o recurso didáctico. La finalidad de éstos no es otra que la de fundamentar, apoyar y reforzar el acto formativo.

8. La planificación de la evaluación del proceso de enseñanza-aprendizaje

La aplicación de programas de formación lleva a la obtención de unos determinados resultados. Éstos serán los frutos de la formación y mostrarán el grado de eficacia y eficiencia con que se lleva a cabo la función formativa.

Los resultados indican el éxito de la formación mediante su contraste con los objetivos fijados anteriormente. Este procedimiento recibe el nombre de **evaluación,** proceso ampliamente conocido y con trascendencia reconocida para la formación. Según el proceso de evaluación aplicado, los resultados obtenidos serán reales y fiables, o bien, falseados.

Para que los resultados de la evaluación muestren con certeza el grado de éxito alcanzado con la formación, es necesario un requisito previo: el establecimiento de criterios de evaluación durante el proceso de planificación de la formación. Los criterios actúan como puntos de referencia, a partir de los cuales se valoran los resultados obtenidos.

Los criterios de evaluación han de fijarse con mucha atención, ya que determinan el proceso de evaluación, y éste juzga el grado de éxito de la función formativa.

El primer aspecto a tener en cuenta es la validez: los criterios de evaluación han de ser válidos en relación a los elementos del proceso formativo.

Los aspectos que determinan el grado de validez de los criterios de evaluación son:

- La relevancia.
- La no deficiencia.
- La no contaminación.
- Su fiabilidad.

El establecimiento de criterios válidos y fiables permitirá elaborar un proceso de evaluación de la formación que mida rigurosamente la eficacia y la eficiencia de la función formativa.

9. El seguimiento formativo

El seguimiento es un proceso continuo que sirve para evaluar la eficacia del uso de los recursos y para saber qué iniciativas se pueden emprender para mejorar el aprovechamiento de los recursos formativos.

El seguimiento, además de realizarse después de haber finalizado la planificación formativa, también se realiza antes de la acción.

9.1. Características

El seguimiento formativo permite evaluar los distintos componentes (desde los alumnos hasta todos los elementos que forman la programación) que intervienen en él durante todo el proceso de formación.

El seguimiento formativo se diferencia de la evaluación en que éste tiene que ver más con tareas organizativas, de coordinación, administrativas, etc.; sin embargo, la evaluación valora aspectos de los procesos de formación, como pueden ser la comunicación, el aprendizaje de los nuevos conocimientos, etc.

Con la realización adecuada de un seguimiento formativo:

- Se pueden **descubrir errores o desajustes** en el proceso de enseñanza-aprendizaje antes de que se realice la evaluación final para comprobarlos.
- Se pueden **corregir los errores** en el momento en el que se están produciendo.
- Además, **se detectan los aspectos positivos** que tienen lugar a lo largo de todo el proceso y las **posibles mejoras** que se pueden realizar.

El seguimiento formativo tiene que ser realizado por todas las personas que están implicadas en la realización de los cursos de formación (tutores, coordinadores, técnicos, etc.), por ello, el formador es una figura importante en el proceso de formación, ya que se encuentra implicado en él.

El proceso de formación debe estar planificado, pensado y planteado antes de que empiece la acción de formación, nunca debe llevarse a cabo de manera cerrada, sino que tiene que estar abierto a cualquier cambio que se considere necesario.

9.2. Finalidad

Son varias las finalidades que persigue el seguimiento formativo:

➲ Ayudar a comprender por qué ocurren algunas cosas y qué se puede hacer para intervenir en ese proceso que se está llevando a cabo.
➲ Identificar y solucionar los problemas que surgen a lo largo del proceso.
➲ Contribuir para elaborar planes de formación de manera objetiva, sin desviarse de la finalidad éste.
➲ Colaborar en la disminución y control del uso de los recursos materiales.
➲ Determinar el nivel que puede alcanzar el rendimiento y relacionarlo con el rendimiento actual.
➲ Diagnosticar y detectar problemas para llevar a cabo las acciones correctivas pertinentes.

9.3. Planificación

El seguimiento formativo debe planificarse antes y durante la acción formativa.

El objetivo de este seguimiento es comprobar la eficacia de la acción formativa antes de que ésta llegue a su fin, es decir, es necesario que durante este proceso todos los elementos que van a formar parte del aprendizaje estén planificados.

Los dos momentos que hay que tener en cuenta para planificar el seguimiento formativo son:

➲ **Antes de la acción formativa:** es necesario conocer las necesidades, el perfil del alumno, qué materiales, instrumentos, recursos, medios didácticos se van a usar.
➲ **Durante la acción formativa:** aquí el seguimiento se utiliza para comprobar los posibles errores y mejoras que se pueden llevar a cabo. Ofrece la posibilidad de poder modificar aquellas acciones o medios que dificultan el avance del aprendizaje.

10. Instrumentos para el seguimiento

A lo largo de un ciclo formativo pueden suceder errores y surgir problemas, esto abarca desde la identificación de necesidades hasta la planificación, el diseño, la implantación y la evaluación. Por todo esto, es importante saber cuál es la causa del problema y saber tomar las medidas oportunas para que no se origine nuevamente.

Para detectar el origen del problema, siempre se necesita una información determinada, ésta sólo se puede obtener mediante técnicas que ayuden a obtenerlas, es decir, que permitan recabar y analizar los datos obtenidos.

Para el seguimiento del proceso de enseñanza-aprendizaje, se pueden confeccionar diferentes tipos de instrumentos de evaluación, como pueden ser los cuestionarios y utilizar la observación directa, etc., si el tipo de formación lo permite (presencial o semipresencial). Estos instrumentos variarán según el tipo de datos que se quiera conseguir.

Un ejemplo de plantilla para recoger y analizar la información podría ser esta:

CURSO:		1º Módulo	2º Módulo	3º Módulo
Objetivos del módulo	Suficiente			
	Insuficiente			
	Adecuado			
	Inadecuado			
Contenidos del módulo	Suficiente			
	Insuficiente			
	Adecuado			
	Inadecuado			

Continúa en página siguiente >>

<< Viene de página anterior

CURSO:		1º Módulo	2º Módulo	3º Módulo
Metodología	Suficiente			
	Insuficiente			
	Adecuado			
	Inadecuado			
Actividades y recursos	Suficiente			
	Insuficiente			
	Adecuado			
	Inadecuado			
Recursos materiales	Suficiente			
	Insuficiente			
	Adecuado			
	Inadecuado			
Recursos humanos	Suficiente			
	Insuficiente			
	Adecuado			
	Inadecuado			
Proceso de evaluación	Suficiente			
	Insuficiente			
	Adecuado			
	Inadecuado			
Nivel de satisfacción del alumnado	Suficiente			
	Insuficiente			
	Adecuado			
	Inadecuado			

Para el seguimiento del aprendizaje, como la información que se obtiene es de diferente índole, se recogerá mediante la aplicación de las técnicas seleccionadas y elaboradas para la evaluación de cada uno de los aspectos planteados (observación directa de los trabajos, participación, cuestionarios acerca de la motivación y satisfacción del alumnado, etc.).

<< Viene de página anterior

Por ejemplo, los contenidos que se podrían incluir en la "parrilla" de análisis son los siguientes:

CURSO		1er Módulo	2º Módulo	3er Módulo
Conceptos (comprende los contenidos conceptuales)	Con facilidad			
	Con normalidad			
	Con dificultad			
Procedimientos (aplica y desarrolla los contenidos procedimentales)	Con facilidad			
	Con normalidad			
	Con dificultad			
Actitudes (manifiesta las actitudes adecuadas a los contenidos)	Con facilidad			
	Con normalidad			
	Con dificultad			
Motivación y participación	Con facilidad			
	Con normalidad			
	Con dificultad			
Satisfacción del alumno	Con facilidad			
	Con normalidad			
	Con dificultad			

Dos de las herramientas básicas son:

- **Los diagramas de flujo:** éstos sirven para desglosar en forma de componentes, para presentar una clara imagen de lo que ocurre.
- **Los checklists:** éstos son especialmente útiles para garantizar que se han realizado todas las acciones necesarias. Es otro método de ayuda orientado a los formadores y participantes para preparar, utilizar y solucionar los problemas del equipamiento.

Otros métodos de seguimiento y control que pueden ayudar en la formación son:

⮂ Las reuniones formales e informales.
⮂ Pasar un informe de las sesiones, cuestionarios de satisfacción o formularios de evaluación del curso.
⮂ Entrevistas de evaluación.

 **RECUERDE**

Algunos de los instrumentos de seguimiento más utilizados son:

• Cuestionario de satisfacción
• Cuestionario de motivación
• Observación directa
• Reuniones formales e informales
• Entrevistas de evaluación

11. Metodología de la evaluación del diseño de formación

Los métodos empleados en la evaluación siempre suelen son los mismos, independientemente de que se evalúen los objetivos, los contenidos, los recursos, etc. A pesar de esto, hay que tener en cuenta que no se deben utilizar todos los métodos que se van a nombrar, sino que todo dependerá de lo que se esté evaluando.

Los métodos más frecuentes son:

⮂ Observación sistemática.
⮂ Observación mediante observadores externos o internos del grupo.

- Análisis de trabajo.
- Entrevistas personales.
- Situaciones de simulaciones.
- Diálogos, debates.
- Cuestionarios específicos.
- Inventarios.
- Grabaciones en vídeo.
- Etc.

11.1. Evaluación de los objetivos

Cuando se diseña el programa formativo, se deben concretar los objetivos que serán objeto de evaluación al finalizar el curso, para comprobar si éstos se han alcanzado o no.

Los objetivos marcan aquellos aspectos claves que debe adquirir el alumno para alcanzar unas competencias determinadas. Éstos determinarán lo que el alumno será capaz de saber y saber hacer al acabar el curso, en unas condiciones dadas y con unos medios determinados.

Si, al finalizar el curso, se observa que los objetivos no se han cumplido en su totalidad, hay que analizar cuál ha sido la causa de este error y corregirlos. Si se han cumplido los objetivos, habrá que determinar los motivos de éxito, para volver a ponerlos en práctica en futuros cursos.

Los objetivos marcados al inicio de la formación sirven para:

- Dirigir la formación, es decir, saber hacia dónde se quiere llegar con ésta.
- Comprobar qué se ha logrado.
- Facilitar la evaluación, ya que se sabe cuáles son los objetivos que hay que evaluar.
- Reorientar la formación en el mismo momento que se está realizando.
- Elegir los métodos más adecuados para la formación.

La evaluación de los objetivos debe medirse atendiendo a:

⮞ **Objetivos generales:** son utilizados para saber cuáles son las competencias generales.
⮞ **Objetivos específicos:** parten de los objetivos generales.
⮞ **Objetivos operativos:** son derivados de los específicos. Son objetivos más concretos y siempre deben estar relacionados con actividades u operaciones determinadas. Son los más fáciles de medir.

 EJEMPLO

Objetivos específicos para evaluar un curso de primeros auxilios:

• Aprender los conceptos básicos y generales de los primeros auxilios.
• Adquirir las habilidades y aplicar los principios de actuación para poder reaccionar adecuadamente en situaciones de urgencia.
• Conocer los aspectos jurídicos relacionados.

11.2. Evaluación de los contenidos

La evaluación de los contenidos se realizará para comprobar si los objetivos que se habían marcado al principio de la formación se han logrado, así como para eliminar aquellos contenidos que no aportan nada al curso.

Se debe tener siempre en cuenta que se puede lograr un mismo objetivo de formación utilizando diversos contenidos.

Para evaluar los contenidos, hay que comprobar si se ha seguido una secuencia lógica a la hora de impartirlos. Esta secuencia permite que los contenidos sean adquiridos por los alumnos de una manera más significativa, es decir, facilita el aprendizaje de los mismos.

Para que la evaluación de los contenidos resulte positiva, éstos deben ir expuestos:

- ⮩ De acuerdo con los objetivos propuestos y con los plazos previstos para conseguirlos.
- ⮩ De lo conocido a lo desconocido.
- ⮩ De lo inmediato a lo remoto.
- ⮩ De lo concreto a lo abstracto.
- ⮩ De lo fácil a lo difícil.

Otro aspecto a tener en cuenta para que la evaluación de los contenidos sea positiva, es que éstos se deben estructurar adecuadamente, por ejemplo, mediante módulos, unidades didácticas, etc. Éstas tienen que abarcar los conocimientos, las habilidades y las actitudes que capacitan al alumno para poner en práctica las funciones que desempeñará en su puesto de trabajo. Por lo general, se pueden constituir equivalencias entre objetivos generales y cursos, objetivos específicos y módulos, unidades didácticas, etc. así como entre objetivos operativos y sesión formativa,.

EJEMPLO

Siguiendo el ejemplo anterior de primeros auxilios, los contenidos que se evaluarán para comprobar si se han logrado o no los objetivos anteriormente propuestos, son:

- Primeros auxilios: conceptos generales.
- Soporte vital básico (reanimación cardio-pulmonar)-adultos.
- Soporte vital básico-niños.
- Soporte vital instrumental.
- Traumatismos osteoarticulares. Inmovilizaciones (vendajes y férulas improvisadas).
- Movilización de urgencia y posiciones de espera.
- Traumatismos craneales y vertebro-medulares.
- Otras situaciones de emergencia.

11.3. Evaluación de la metodología

La evaluación de la metodología consiste en comprobar que los métodos que se han utilizado son los adecuados para lograr los objetivos formativos, aunque éstos deben ser flexibles a la hora de utilizarlos, ya que deben adaptarse a la materia tratada, a los alumnos, a los recursos disponibles, etc.

Para conseguir que la evaluación de la metodología sea positiva, se deben tener en cuenta las características que se emplean para definir un método. Éstas pueden ser:

- Presentar y mostrar la problemática del tema para que, a través de la reflexión y el esfuerzo, el alumno pueda resolverla.
- Respetar tanto la libertad de expresión como de creación.
- Las actividades que están destinadas al alumno tienen que ser dirigidas por el formador para que el alumno reflexione y participe.
- Motivar al alumno, relacionando los temas con sus intereses, motivaciones y necesidades.
- Organizar los nuevos aprendizajes para que se integren con los ya adquiridos.
- Tener en cuenta las limitaciones y las posibilidades que tiene cada alumno.
- Dar lugar a la acción individualizada a través de tareas que requieran planteamientos y acciones individualizadas.

11.4. Evaluación de actividades y recursos

Las **actividades** son unos elementos que acompañan a los contenidos formativos, ya que éstas refuerzan los contenidos que son expuestos por el formador. Siempre debe existir coordinación entre ambos, para esto se deben seleccionar adecuadamente tanto los métodos como las técnicas.

Para evaluar las diversas actividades que se han desarrollado, hay que formular una serie de preguntas para saber si las actividades han sido eficaces o han fallado en su ejecución. Algunas de estas preguntas pueden ser:

- ¿Qué ha hecho el alumno?
- ¿Ha sabido aplicar los conocimientos necesarios para lograr resolver las actividades?
- ¿Valora y comprende la finalidad de la actividad?
- ¿Ha mostrado interés en la realización de la misma?
- ¿Qué ha aprendido?
- ¿Han sido válidas las actividades?
- ¿Cuáles han fallado? ¿Por qué?
- ¿Se han alcanzado los objetivos?
- Etc.

Junto con las actividades, los recursos también tienen que ser evaluados, ya que de ellos va a depender en cierta manera la eficacia de las actividades. Por eso, en la evaluación de los recursos hay que tener en cuenta la eficacia de aquellos que se han utilizado y cuáles son los que se hubieran necesitado para desarrollar el curso.

Se pueden distinguir varios criterios para evaluar la eficacia de los recursos:

- Su calidad, porque actúa como mediador entre la realidad y la estructura cognitiva del alumno.
- El contexto metodológico, ya que todo va a depender de la metodología usada por el formador.
- Los propios alumnos, sus motivaciones, intereses, etc.
- La experiencia del formador en el manejo de los diversos recursos, sus habilidades, etc.

También es necesario tener en cuenta qué evaluar de los recursos:

- La rentabilidad de éstos.
- El aprovechamiento para distintas finalidades.
- El mantenimiento.
- La actualización, deben adaptarse a las nuevas tecnologías.
- La adecuación al proceso de enseñanza-aprendizaje.
- Posibilitar la acción, estimular y responder a las curiosidades presentes en el alumnado.

11.5. Evaluación del formador

La figura del formador es muy importante a lo largo de todo el proceso formativo, ya que, en cierta manera, el éxito o el fracaso de la formación recae sobre él, por lo tanto, es imprescindible conocer previamente a la persona que va a impartir un curso.

El formador es el mediador entre los contenidos y los alumnos, por lo que debe evaluarse de forma continua y a lo largo de todo el proceso de enseñanza-aprendizaje, así como al final del proceso, momento en que se comprobará si los métodos y estrategias que ha diseñado y utilizado han sido los adecuados, introduciendo posibles modificaciones para las prácticas futuras.

La evaluación del formador se puede realizar desde varias vertientes, en cada una de ellas se evalúan aspectos diferentes, pero todas persiguen el mismo fin, que es fomentar la calidad de la formación.

Evaluación realizada por los alumnos

Los alumnos pueden evaluar aspectos como la relación del formador con los alumnos, la organización de las sesiones, el control de clase, la efectividad de la enseñanza, etc.

En la siguiente tabla se muestra un cuestionario a modo de ejemplo:

Marque la opción que más se adecúe a las características que prevalecieron a lo largo del curso

1. Las oportunidades que tuve para realizar preguntas en clase fueron:
    a. Frecuentes
    b. Regulares
    c. Escasas
    d. Muy escasas

Continúa en página siguiente >>

<< Viene de página anterior

Marque la opción que más se adecúe a las características que prevalecieron a lo largo del curso

2. El interés que mostró el formador respecto a los alumnos fue:
   a. Satisfactorio
   b. Regular
   c. Poco
   d. Muy pobre

3. El clima existente en el aula fue:
   a. Bueno
   b. Regular
   c. Tenso
   d. Malo

4. En la prueba final se evaluaban los contenidos dados a lo largo del curso:
   a. Sí
   b. No

5. El material presentado en el curso fue:
   a. Original
   b. Poco original
   c. Nada original

6. Las actividades que realicé para asimilar los contenidos fueron:
   a. Útiles
   b. Regulares
   c. Pobres
   d. Inútiles

7. El contenido marcado para el curso se expuso en su totalidad:
   a. Sí
   b. No

8. El grupo de alumnos afectó a mi aprendizaje:
   a. De manera positiva
   b. De manera negativa
   c. No me afectó

9. El material audiovisual me pareció:
   a. Atractivo
   b. Regular
   c. Inadecuado

Continúa en página siguiente >>

<< Viene de página anterior

**Marque la opción que más se adecúe a las características
que prevalecieron a lo largo del curso**

10. Los procesos, problemas y soluciones experimentados en el trabajo en
    grupo fueron:
    a. Bien planteados
    b. Regular planteados
    c. Mal planteados

11. Las exposiciones por parte del docente me parecieron:
    a. Buenas
    b. Regulares
    c. Malas

12. La actuación del profesor durante el curso evidenció:
    a. Un elevado conocimiento de la materia
    b. Un mediano conocimiento
    c. Un escaso conocimiento

13. El profesor supo controlar las conductas perturbadoras
    sucedidas a lo largo del curso de forma:
    a. Eficaz
    b. Regular
    c. Ineficaz

14. El ritmo que siguió el profesor al exponer los contenidos me pareció:
    a. Muy bueno
    b. Satisfactorio
    c. Monótono

15. La secuencia de presentación de los contenidos del curso fue:
    a. Lógica
    b. Regular
    c. Arbitraria

16. La actuación del profesor despertó interés y motivación:
    a. Muchas veces
    b. Algunas veces
    c. Pocas veces
    d. Ninguna vez

Evaluación realizada por el propio formador

En esta evaluación, el formador va a evaluar la preparación del curso, el desarrollo del mismo, y también realizará una evaluación propia de su actuación como formador.

En la siguiente tabla se muestra un cuestionario a modo de ejemplo:

**Marque la opción que más se adecúe a las características
que prevalecieron a lo largo del curso**

A. PREPARACIÓN DEL CURSO

1. ¿Cómo ha sido el tiempo con el que ha contado?
   - a. Suficiente
   - b. Insuficiente

   ¿Por qué? _____

2. ¿Cómo considera la distribución de las sesiones del curso?
   - a. Adecuadas
   - b. Inadecuadas

   ¿Por qué? _____

3. ¿Ha dispuesto de las guías didácticas del curso?
   - a. Sí
   - b. No

   ¿Por qué? _____

4. ¿Ha dispuesto de los recursos necesarios para la preparación de sus sesiones?
   - a. Sí
   - b. No

   ¿Cuáles le han hecho falta? _____

5. Teniendo en cuenta su nivel de formación, ¿ha necesitado apoyo por parte de la dirección del curso?
   - a. Sí
   - b. No

   ¿Cómo ha sido el apoyo? _____

Continúa en página siguiente >>

<< Viene de página anterior

**Marque la opción que más se adecúe a las características
que prevalecieron a lo largo del curso**

B. DESARROLLO DEL CURSO

6. ¿El desarrollo de las sesiones (distribución y tiempo) se ha correspondido con la planificación prevista?
    a. Sí
    b. No

7. ¿La metodología utilizada para el desarrollo de las sesiones ha propiciado la participación e implicación del alumnado?
    a. Sí
    b. No

    ¿Por qué? _____

8. ¿Considera que el clima del curso ha sido el adecuado?
    a. Sí
    b. No

    ¿Por qué? _____

9. ¿El contexto donde se ha desarrollado el curso ha sido adecuado y oportuno?
    a. Sí
    b. No

    ¿Por qué? _____

10. ¿Ha conseguido los objetivos propuestos?
    a. Sí
    b. No

    ¿Por qué? _____

C. AUTOEVALUACIÓN

11. Evalúe de 1 a 4 los siguientes apartados relacionados
    con su intervención como formador, donde:

    1. Considero imprescindible mejorar mi formación en este aspecto.
    2. Considero necesario mejorar mi formación en este aspecto.
    3. Cuento con recursos necesarios para el desarrollo ajustado del curso, pero podría encontrar dificultades si éste cambia el rumbo prefijado.
    4. Mi formación al respecto es adecuada y dispongo de recursos suficientes para el desarrollo óptimo del curso.

Continúa en página siguiente >>

<< Viene de página anterior

Marque la opción que más se adecúe a las características que prevalecieron a lo largo del curso

	1	2	3	4
Dominio de los contenidos				
Metodología/didáctica empleada				
Comunicación con el alumnado				
Trabajo en equipo				

D. AMPLIACIÓN

Puede anotar a continuación cualquier aportación que desee realizar y no haya sido considerada en este cuestionario.

11.6. Tipos de evaluación

Existen diferentes tipos de evaluación, cada una se aplicará atendiendo a diferentes criterios.

Según su finalidad o función de la evaluación

Diagnóstica

Esta evaluación, como su nombre indica, tiene un carácter diagnóstico, ya que permite que se conozcan las potencialidades del alumno. De esta manera, la actividad didáctica se dirige de forma más efectiva.

Formativa

Se utiliza como estrategia para mejorar y ajustar los procesos formativos en el momento que se están llevando a cabo, para alcanzar las metas y los objetivos marcados. La evaluación formativa es aplicable a la evaluación de procesos.

Sumativa

Se aplica a la evaluación de productos terminados, es decir, se sitúa concretamente cuando finaliza un proceso, cuando éste se considera acabado. Su propósito es determinar el grado en que se han conseguido los objetivos establecidos, para evaluar de forma positiva o negativa el resultado. Esta evaluación permite tomar medidas tanto a medio como a largo plazo.

Según el momento de aplicación de la evaluación

Inicial

Se produce al principio del proceso de enseñanza-aprendizaje. La función que tiene la evaluación inicial es identificar el nivel de conocimientos que tienen los alumnos que inician un curso y, de esta manera, comprobar si los alumnos cuentan con los conocimientos necesarios para comenzarlo, y determinar si es posible impartirlo de acuerdo al programa formativo o si se requiere alguna modificación.

Procesual

La evaluación procesual se basa en valorar, de forma continua, el aprendizaje de los alumnos y la enseñanza del profesor, a través de la recogida sistemática de datos, toma de decisiones, etc.

La evaluación procesual es totalmente formativa, ya que, al favorecer la recogida continua de datos, permite tomar decisiones en el mismo momento que se considere necesario.

Los resultados que se obtienen forman la base permanente para el formador a la hora de programar las actividades diarias, así como para establecer las actividades y los procedimientos más apropiados. De esta manera, se evitan las dificultades que se puedan producir en los aprendizajes que se están llevando a cabo. La finalidad de todo esto es evitar errores y vacíos en los aprendizajes posteriores.

Final

La evaluación final es aquella que se realiza al finalizar la formación, por lo tanto ésta recoge y valora los resultados obtenidos a lo largo de un periodo formativo.

Según su extensión

Global

Tiene en cuenta todos los elementos y procesos que guardan relación con todo lo que es objeto de evaluación. Por ejemplo, si se trata de evaluar el proceso de aprendizaje de los alumnos, esta evaluación se centra en todas las áreas en general, pero sobre todo en los diversos tipos de contenidos de enseñanza (conceptos, procedimientos, valores, normas, etc.).

Parcial

Esta evaluación no se realiza de manera global, sino que se lleva a cabo por partes, es decir, evalúa los componentes que más interesan.

Según los agentes que realizan la evaluación

Autoevaluación o evaluación interna

Es el proceso sistemático mediante el cual una persona o grupo examina y valora sus procedimientos, comportamientos y resultados, para identificar qué quiere corregir o modificar en él. La evaluación interna muestra que los alumnos están más motivados a la hora de realizar una tarea difícil. La puesta en práctica de la autoevaluación no conlleva que el profesorado abandone sus funciones, sino que implica una concepción diferente de la enseñanza.

La autoevaluación ofrece al estudiante ayuda para descubrir sus necesidades, cantidad y calidad de su aprendizaje, causas de sus problemas, dificultades y éxitos en el estudio. De esta manera, el alumno puede conocerse de manera más concreta.

Heteroevaluación o evaluación externa

La evaluación externa es realizada o llevada a cabo por otra persona que no es el protagonista del aprendizaje. En esta evaluación, lo más frecuente es que el profesor evalúe al alumno.

TIPOS DE EVALUACIÓN	
Según su finalidad o función	- Diagnóstica - Formativa - Sumativa
Según su momento de aplicación	- Inicial - Procesual - Final
Según su extensión	- Global - Parcial
Según los agentes que la realizan	- Autoevaluación o evaluación interna - Heteroevaluación o evaluación externa

Solucionarios de ejercicios de repaso y autoevaluación

Contenido

1. Organización de procesos de venta
2. Técnicas de venta
3. Venta online
4. Aprovisionamiento y almacenaje en la venta
5. Animación y presentación del producto en el punto de venta
6. Operaciones de caja en la venta
7. Gestión de la atención al cliente/consumidor
8. Técnicas de comunicación y atención al cliente/consumidor
9. Inglés profesional para actividades comerciales

Organización de los procesos de venta

Ejercicios de autoevaluación
Unidad de Aprendizaje 1

1. **Determina cuáles de las siguientes funciones corresponden al Departamento Comercial.**

   a. Elaboración de los presupuestos y cuentas anuales.
   b. **Estudio de mercado.**
   c. **Planificación de compras.**
   d. **Promoción y publicidad de los productos.**

2. **Relaciona cada tipo de vendedor con sus características.**

   a. Comercio mayorista
   b. Comercio minorista
   c. Comercio por comisión
   d. Comercio exterior

   <u>a.</u> Los productos que encontramos en almacenes siguen generalmente un esquema de venta mayorista, cuyo comprador no es consumidor final de la misma.
   <u>c.</u> Es aquel que realizan los comisionistas o consignatarios, que se dedican a vender productos que no son de su propiedad, sino que se los han encomendado en comisión o en consignación.
   <u>b.</u> Es aquel que vende unidades individuales o pequeñas cantidades al público en general, normalmente en un espacio físico llamado tienda.
   <u>d.</u> Es aquel que vende unidades individuales o pequeñas cantidades al público en general, normalmente en un espacio físico llamado tienda.

3. **Indica si las siguientes afirmaciones son verdaderas o falsas:**

   a. Los consumidores leales a una marca se sienten identificados con la misma, ya que esta les aporta seguridad y confianza.

   ■ **Verdadero**
   ■ Falso

b. Los consumidores impulsivos ponen una gran sensibilidad en sus compras, pues adquieren artículos de índole personal.

- Verdadero
- **Falso**

4. Identifica las funciones del Departamento de Ventas.

a. **Establecimiento de precios.**
b. Control de las remuneraciones del personal.
c. **Elaboración de pronósticos de ventas.**
d. **Realizar acciones de publicidad y promoción.**

5. Relaciona cada establecimiento comercial con sus características.

a. Supermercado
b. Hipermercado
c. Grandes almacenes
d. Centro comercial

a. Se define como una tienda de alimentación, productos de limpieza y hogar en régimen de autoservicio.
b. Cuenta con una superficie de ventas que le permite disponer de una amplia variedad de productos.
d. Conjunto de establecimientos independientes, planificados y desarrollados por una o varias entidades, con criterio de unidad, cuyo tamaño, mezcla comercial, servicios comunes y actividades de carácter complementario están relacionados con su entorno.
c. Se caracterizan por su ubicación en el centro de las grandes ciudades, su sistema de ventas por secciones y su surtido seleccionado.

6. Dentro de la venta presencial, ¿qué tipos se pueden distinguir?

a. Venta *online*
b. **Visita comercial**
c. *Vending*
d. *Telemarketing*

7. Relaciona cada concepto con sus características.

    a. Distribuidor
    b. Representante comercial
    c. Fabricante

    a. Pone a disposición de los consumidores finales los bienes del fabricante para su consumo a través de una red de tiendas o a distancia.
    b. Es un profesional autónomo, independiente de la empresa para la que presta servicios.
    c. Dedica su actividad a la elaboración de productos para consumo por parte de los consumidores finales.

8. Indica si las siguientes afirmaciones son verdaderas o falsas:

    a. El franquiciado es quien aporta la denominación social, nombre comercial, insignia y marca en una franquicia.

        ■ Verdadero
        ■ **Falso**

    b. El franquiciador es el individuo que conforma el conjunto o cadena de negocios que explota la concesión del franquiciado.

        ■ Verdadero
        ■ **Falso**

9. Indica si las siguientes afirmaciones son verdaderas o falsas:

    a. El posicionamiento se refiere al lugar que ocupa un producto o una marca según las percepciones de los consumidores respecto a otros productos o marcas competitivas o a un producto ideal.

        ■ **Verdadero**
        ■ Falso

b. La reputación se genera desde los climas de opinión de los consumidores en su despliegue social.

- ■ **Verdadero**
- ■ Falso

10. **El tipo de venta en la que el vendedor lleva a cabo la distribución del producto a través del correo y la posterior entrega del producto a domicilio se denomina...**

   a. ... venta por ordenador.
   b. ... venta por teléfono.
   c. **... venta por correspondencia.**
   d. ... *vending.*

Ejercicios de autoevaluación
Unidad de Aprendizaje 2

1. **Determina cuáles de los siguientes aspectos podrían definir al vendedor profesional.**

   a. **Debe saber convertir los problemas de los clientes en oportunidades de negocio.**
   b. **Ha de tener una clara orientación hacia el *marketing*.**
   c. Debe intentar cerrar una venta por todos los medios.
   d. **Ha de saber escuchar y conocer las necesidades reales del cliente.**

2. **Relaciona cada tipo de vendedor con sus características.**

   a. Agente comercial
   b. Agente libre
   c. Representante

   a. Intermediario independiente que se encarga de negociar por cuenta de otras personas la venta y/o la compra de mercancías.
   c. Colaborador independiente del empresario.
   b. Comercializa productos de varias compañías y solo cobra un porcentaje de comisión.

3. **Ordena los conceptos que aparecen en la pirámide de Maslow según el lugar que ocupan:**

   a. Autorrealización
   b. Fisiología
   c. Afiliación
   d. Seguridad
   e. Reconocimiento

4. Indica si las siguientes afirmaciones son verdaderas o falsas:

　　a. La venta a industriales engloba operaciones en las que, por norma general, tienen alto valor monetario.

　　　　■ **Verdadero**
　　　　■ Falso

　　b. En la venta detallista no se suele prestar especial atención a la presentación de los productos.

　　　　■ Verdadero
　　　　■ **Falso**

5. Para calcular el ratio del valor medio del pedido...

　　　　a. ... se divide el número de pedidos entre un periodo determinado.
　　　　b. ... se dividen las ventas entre el número de pedidos.
　　　　c. ... se dividen las ventas entre el número de días traba-jados.
　　　　d. ... se divide el número de pedidos entre las ventas trimestrales.

6. ¿Cuáles de los siguientes elementos suelen componer la remuneración del vendedor?

    a. **Bonos**
    b. **Comisión**
    c. Plus de pantalla
    d. **Sueldo fijo**

7. Ordena las etapas a las que está ligada la actividad del vendedor.

    a. Programación y organización
    b. Control
    c. Planificación

Solución

    c. Planificación
    a. Programación y organización
    b. Control

8. ¿Cuáles de los siguientes aspectos se deben contemplar en una ruta?

    a. **Vías de comunicación**
    b. **Lugares para descansar**
    c. **Tiempos aproximados**
    d. **Nombres y direcciones**

9. Cuando se habla de los indicadores de funcionamiento de la cartera de clientes, los egresos son:

    a. Clientes que por causas ajenas o no al centro pierden el contacto.
    b. Clientes que realizan al menos una transacción por año.
    c. Los clientes dados de alta en el sistema.
    d. **Clientes que salen del sistema.**

10. Determina si las siguientes afirmaciones son verdaderas o falsas:

a. El trazado de rutas es lo que va a permitir al vendedor cubrir el territorio que se le ha asignado, economizando al máximo su tiempo; estas suelen trazarse por trimestres.

   ■ Verdadero
   ■ **Falso**

b. La planificación de ventas concede al vendedor la oportunidad de determinar su situación dentro de la empresa, ahorrándole tiempo y ayudándole a lograr resultados óptimos, así como canalizar su esfuerzo de manera acertada.

   ■ **Verdadero**
   ■ Falso

Ejercicios de autoevaluación
Unidad de Aprendizaje 3

1. **Determina cuáles son los aspectos más importantes a tener en cuenta en la elaboración de un folleto publicitario.**

   a. Utilizar siempre el mismo tipo y tamaño de letra.
   b. **Realizar argumentaciones completas.**
   c. **Incluir un importante número de fotografías de los productos.**
   d. **Realizar un recorrido lógico por los diversos productos y argumentaciones.**

2. **Indica si las siguientes afirmaciones son verdaderas o falsas:**

   a. Un díptico comercial es un impreso formado por una lámina de papel o cartulina que se dobla en dos partes.

      ■ **Verdadero**
      ■ Falso

   b. El catálogo es una publicación empresarial, cuyo fin es la promoción de los productos o servicios que una compañía ofrece.

      ■ **Verdadero**
      ■ Falso

3. **Relaciona los tipos de cheque con sus características:**

   a. Conformado
   b. Cruzado
   c. Nominativo
   d. Al portador

   <u>c.</u> Emitido a favor de una persona determinada, donde se identifica a la misma con su nombre y apellidos.
   <u>d.</u> En el que no se designa persona alguna, por lo que cualquiera podrá proceder a su cobro.

a. El banco garantiza la autenticidad de la firma del librador y la existencia de fondos en la cuantía indicada en el cheque.

b. Con este sistema, el cheque solo puede ser abonado mediante ingreso en la cuenta del beneficiario.

4. **En una letra de cambio, la persona acreedora de la deuda, quien emite la letra de cambio para que el deudor la acepte y se haga cargo del pago del importe de la misma se denomina...**

   a. **... librador.**
   b. ... librado.
   c. ... tenedor.
   d. ... beneficiario.

5. **Indica si las siguientes afirmaciones son verdaderas o falsas:**

   a. El pagaré es un documento escrito mediante el cual una persona se compromete a pagar a otra una determinada cantidad de dinero en una fecha previamente acordada.

   - **Verdadero**
   - Falso

   b. El pagaré se define como un documento mercantil por el que una persona (librador) ordena a otra (librado) el pago de una cantidad de dinero en una fecha determinada o de vencimiento.

   - Verdadero
   - **Falso**

6. **Ordena las fases de un proceso administrativo de venta:**

   4. Cobro de la factura
   5. Contabilizar el cobro
   1. Recepción del pedido
   3. Elaboración de la factura
   2. Envío de la mercancía

7. El comprobante de pago que se emite en operaciones en las que el receptor es un consumidor o cliente final se denomina...

    a. ... factura completa.
    b. ... factura proforma.
    c. ... factura nominativa.
    d. ... factura simplificada.

8. ¿Cuál de las siguientes opciones define el descuento comercial?

    a. Es el que se hace en función del volumen de compras realizado, es decir, si se supera un determinado número de unidades compradas, se aplica. Se calcula sobre el importe bruto.
    b. Es la reducción del valor del bien debido a promociones, ofertas o simplemente para abaratarlo. Se calcula sobre el importe neto.
    c. Es el que se hace en función del volumen de compras realizado, es decir, si se supera un determinado número de unidades compradas, se aplica. Se calcula sobre el importe neto.
    d. Es la reducción del valor del bien debido a promociones, ofertas o simplemente para abaratarlo. Se calcula sobre el importe bruto total.

9. Relaciona cada tipo de archivo con sus características:

    a. Activo
    b. Semiactivo
    c. Inactivo

    b. Está formado por la documentación e información de baja actualidad y consulta poco frecuente.
    a. Es aquel que contiene los documentos de consulta diaria.
    c. Es el que conserva de forma definitiva los documentos e informaciones, cuya consulta es casi nula.

10. Indica si las siguientes afirmaciones son verdaderas o falsas:

a. Con el uso de aplicaciones informáticas, las empresas invierten más tiempo en la elaboración de la documentación comercial, aunque ahorran tiempo en la búsqueda de los documentos.

■ Verdadero
■ **Falso**

b. Los *softwares* de presentaciones permiten incluir en las diapositivas tablas, gráficos y texto, estando aún limitados para la inclusión de fragmentos de audio.

■ Verdadero
■ **Falso**

Ejercicios de autoevaluación
Unidad de Aprendizaje 4

1. **¿Cuáles de los siguientes factores comerciales influyen en la fluctuación casi constante de los precios?**

   a. **El tiempo**
   b. **El grupo poblacional**
   c. **La zona geográfica**
   d. El *hinterland*

2. **Indica si las siguientes afirmaciones son verdaderas o falsas:**

   a. Según la Ley de Competencia Desleal, los precios de los productos pueden pactarse entre las empresas fabricantes o comercializadoras para no disputar una "guerra de precios" en el mercado.

      ■ Verdadero
      ■ **Falso**

   b. Los precios de venta de los bienes y servicios se fijan libremente por cada empresario o profesional.

      ■ **Verdadero**
      ■ Falso

3. **Indica si las siguientes afirmaciones son verdaderas o falsas:**

   a. Los costes variables son aquellos costes cuyo importe permanece constante, independiente del nivel de actividad de la empresa.

      ■ Verdadero
      ■ **Falso**

b. Los costes fijos son aquellos que cambian de forma proporcional en función del nivel de producción de la empresa.

- ■ Verdadero
- ■ **Falso**

4. **Determina cuáles de los siguientes elementos pueden condicionar la cuantía de los costes de las visitas.**

   a. **Zonas de ventas muy alejadas**
   b. **Zonas de ventas muy caras**
   c. **Clientes importantes que requieren elevados gastos de representación**
   d. **Viajes al extranjero**

5. **Relaciona cada herramienta de promoción comercial con sus características:**

   a. Cupones
   b. Descuentos
   c. Bonificaciones
   d. Muestras gratuitas

   <u>c.</u> Son artículos que se ofrecen gratuitamente o a costo muy bajo como incentivo para comprar un producto.
   <u>a.</u> Son certificados que otorgan a los compradores un ahorro cuando compran los productos especificados.
   <u>b.</u> Son una reducción, por lo general momentánea, al precio regular del producto.
   <u>d.</u> Son ofrecimientos de una cantidad pequeña de un producto para probarlo.

6. **Las actividades que le dan a los vendedores del intermediario la oportunidad de ganar algo por recomendar el producto que se está promocionando se denominan...**

   a. ... bonificaciones.
   b. **... concursos para vendedores.**
   c. ... descuentos comerciales.
   d. ... especialidades publicitarias.

7. **¿Cuáles son los tipos impositivos de IVA vigentes en la actualidad?**

   a. **4 %**
   b. **8 %**
   c. 18 %
   d. **21 %**

8. **Señala si las siguientes afirmaciones son verdaderas o falsas:**

   a. Los obligados a declarar el IVA son los profesionales y empresarios que entreguen bienes o presten servicios sujetos al pago de este impuesto.

      - **Verdadero**
      - Falso

   b. El recargo de equivalencia es uno de los regímenes especiales del IVA al que puede acogerse cualquier empresario.

      - Verdadero
      - **Falso**

9. **La cuantía en que se incrementa el precio de coste para obtener el precio de venta se denomina...**

   a. **... margen comercial.**
   b. ... coste variable unitario.
   c. ... margen neto.
   d. ... PVP.

10. **Identifica cuáles de los siguientes elementos componen una caja registradora:**

    a. **Impresora de *tickets***
    b. **Visor operador**
    c. **Unidad central**
    d. Datáfono

actividades

Actividad 1

Varios comercios del centro de Madrid incumplen las leyes que regulan la actividad comercial; sin embargo, muchos de los consumidores que adquieren productos en estos establecimientos todavía continúan sin conocer sus derechos como tales, exigiendo el cumplimiento de leyes u obligaciones que no existen o que tan solo se aplican en determinados casos. En base a esto, determine en cuáles de los siguientes casos los comercios referidos tienen la obligación de devolver el dinero o cambiar el producto:

a. El producto presenta unas características que difieren de las descritas en la publicidad del mismo.
b. **Se han encontrado ciertos defectos en el producto.**
c. **El producto presenta alguna anomalía (funcionamiento, etc.).**
d. Un establecimiento está obligado a devolver cualquier tipo de producto sin tener en cuenta su estado ni sus características.

SOLUCIÓN

En ningún caso un establecimiento tiene la obligación de devolver el importe de un artículo o producto sin tener en cuenta su estado ni sus características; sin embargo, sí que está obligado a hacerlo cuando se hayan encontrado ciertos defectos en el producto o esté presente alguna anomalía..

Actividad 2

El director comercial y uno de los gerentes de zona de "Construcciones del Sur" están llevando a cabo una reorganización de las pautas de sus vendedores, con objeto de que las visitas a los clientes se hagan de acuerdo a la importancia de cada uno. Los clientes de la compañía son en su mayoría empresas de reformas y de materiales de construcción. Estos cambios vienen provocados por el hecho de que uno de los gerentes ha detectado tres tipologías de clientes en la zona en base a su importancia y volumen de facturación.

Cliente	A	B	C
Facturación	50 %	20 %	10 %
Nº Clientes	10	15	20

Tanto el director comercial como el gerente de zona no saben qué hacer con los clientes B, pues no se les puede visitar con la misma frecuencia que a los A, pero tampoco se les puede tratar como a los clientes C. Sabiendo todo esto, ¿de cuántos días dispondrían los vendedores para visitar a los clientes B y C, teniendo en cuenta que la visita a los A dura un día completo y hay que verles todos los meses?

   a. 3 días laborables.
   b. 15 días laborables.
   c. **10 días laborables.**
   d. 8 días laborables.

SOLUCIÓN

Si atendemos, por un lado, al trato que deben recibir los clientes de la tipología C y, por otro lado, al índice de frecuencia de visitas que precisan los clientes de la tipología A. Los vendedores de esta empresa necesitarán al menos 10 días laborables para visitar a los clientes de los grupos B y C.

Actividad 3

Rafael Domínguez, recién graduado en Administración y Dirección de Empresas, ha comenzado a trabajar como auxiliar de ventanilla en una sucursal bancaria de Barcelona. Su entrega y profesionalidad están fuera de toda duda; además, aprovechando la tranquilidad impropia de la mañana, ha accedido a recibir a uno de los comerciales de una empresa de menaje y equipos de cocina. Veinte minutos más tarde el comercial ha salido por la puerta del banco con el cierre de una venta valorada en más de 850 €. Lo curioso es que el señor Domínguez ha abonado dicha cuantía en el acto.

En función de esto, determine cuál de los documentos que aparecen a continuación ha debido redactar el comercial para reflejar el pago por adelantado de la venta.

    a. Albarán
    b. Nota de pedido
    c. Factura
    d. Cheque cruzado
    e. Orden de compra

SOLUCIÓN

Aunque no es lo habitual hay ocasiones en las que el cliente realiza el pago de la mercancía por adelantado; en estos casos el vendedor está obligado a prepararle la factura correspondiente al pago de la misma.

Actividad 4

Isabel Marín, administradora de una pequeña empresa dedicada al sector textil, ha encargado a una de sus trabajadoras la gestión de una serie de documentos relacionados con la compraventa de sus mercancías correspondientes al pasado año.

Ayude a esta trabajadora a clasificar dichos documentos en base al proceso en el que hayan sido generados.

SOLUCIÓN

Solicitud de la mercancía:

    a. Proceso de compra.
    b. Proceso de venta.

Pago del importe de la factura:

    a. Proceso de compra.
    b. Proceso de venta.

Recepción del pedido por parte del cliente:

    a. Proceso de compra.
    b. Proceso de venta.

Elaboración y cobro de la factura:

    a. Proceso de compra.
    b. Proceso de venta.

Contabilización del pago:

    a. Proceso de compra.
    b. Proceso de venta.

Técnicas de venta

Ejercicios de autoevaluación
Unidad de Aprendizaje 1

1. De los siguientes tipos de venta, identifica cuál de ellos no corresponde a la venta presencial:

   a. Venta en ferias promocionales
   b. *Vending*
   c. Venta a domicilio
   d. Venta ambulante

2. El sistema de ventas por medio de máquinas autoexpendedoras se denomina:

   a. *Telemarketing*
   b. *Factoring*
   c. *Confirming*
   d. *Vending*

3. Indica si las siguientes afirmaciones son verdaderas o falsas.

   a. Un supermercado es un establecimiento en régimen de libre servicio con una dimensión entre 60 y 300 m^2.

   ■ Verdadero
   ■ **Falso**

   b. Un hipermercado es un establecimiento que se caracteriza por permanecer abierto al menos 18 h al día.

   ■ Verdadero
   ■ **Falso**

4. **Ordena las fases del proceso de ventas:**

3. Inicio de la entrevista
4. Desarrollo de la entrevista
5. Cierre de la venta
1. Identificación de posibles clientes
2. Concertación de la entrevista de ventas

5. **La técnica de cierre de ventas consistente en enumerar las ventajas e inconvenientes del producto, haciendo énfasis en las ventajas, se denomina:**

a. La acción
b. Los detalles
c. El cierre alternativo
d. La balanza

6. **Según la pirámide de Maslow, ¿cómo se denomina a las necesidades de afecto y pertenencia a un grupo?**

a. Necesidades de seguridad
b. Necesidades de reconocimiento
c. Necesidades sociales
d. Necesidades de autorrealización

7. **El grupo de influencia formado por los amigos y compañeros de trabajo se denomina:**

a. Grupo de influencia directa
b. Grupo de influencia indirecta
c. Familia
d. Grupo de aspiración

8. **En la matriz *Boston Consulting Group*, los productos que generan mucha liquidez pero tienen un bajo crecimiento en el mercado son:**

a. Los productos estrella
b. Los productos vaca lechera
c. Los productos interrogante
d. Los productos perro

9. Indica si las siguientes afirmaciones son verdaderas o falsas:

    a. Según el ciclo de vida del producto, en la fase de crecimiento el precio comienza a subir.

        ■ Verdadero
        ■ **Falso**

    b. La fase más larga del ciclo de vida del producto se denomina fase de madurez.

        ■ **Verdadero**
        ■ Falso

10. Relaciona las formas de presentación de los productos con sus características:

    a. Envasado
    b. Empaquetado
    c. Embalaje

    b. Incluye las actividades de diseñar y producir el recipiente para la envoltura de un producto.
    a. Es el procedimiento por el cual una mercancía se envasa para su transporte o venta.
    c. Son todos los materiales, procedimientos y métodos que sirven para acondicionar, presentar, manipular, almacenar, conservar y transportar una mercancía.

Ejercicios de autoevaluación
Unidad de Aprendizaje 2

1. Identifica cuál de las siguientes características son propias de un servicio.

    a. Son tangibles.
    b. Generalmente son ofertas estándar.
    c. Son difíciles de personalizar.
    d. Suelen ser heterogéneos y variables.

2. Indica si las siguientes afirmaciones son verdaderas o falsas.

    a. En la presentación a pocos interlocutores se suelen realizar más consultas que en las presentaciones a muchos interlocutores.

        ■ Verdadero
        ■ **Falso**

    b. En la presentación a muchos interlocutores hay mayor posibilidad de compra y difusión que en la presentación a pocos interlocutores.

        ■ **Verdadero**
        ■ Falso

3. Determina cuál de los siguientes criterios debe considerarse en las presentaciones.

    a. Como mínimo durarán diez minutos.
    b. Deben lanzarse mensajes complejos.
    c. Cada aspecto de la presentación debe prepararse concienzudamente.
    d. Cuantos más gráficos se utilicen más visual será la presentación.

4. **La argumentación que se centra en los servicios, la asistencia y la utilidad de los productos ofrecidos se denomina:**

   a. Argumentación técnica.
   b. Argumentación comercial.
   c. Argumentación física.
   d. Argumentación publicitaria.

5. **Relaciona los siguientes argumentos con sus características:**

   a. Argumentos de compra.
   b. Argumentos de competencia.
   c. Argumento de inferioridad.
   d. Argumentos de superioridad.

   <u>c.</u> Ponen de manifiesto la superioridad del cliente.
   <u>a.</u> El cliente realiza una oferta.
   <u>b.</u> Busca diferenciar el producto.
   <u>d.</u> Ponen de manifiesto el prestigio de la empresa.

6. **Indica si las siguientes afirmaciones son verdaderas o falsas.**

   a. La paráfrasis consiste en repetir la objeción para que parezca hipócrita o poco razonable y así tratar de suavizarla.

   ■ **Verdadero**
   ■ Falso

   b. Las preguntas como reacción a las objeciones obligan a justificar las objeciones.

   ■ **Verdadero**
   ■ Falso

7. Las que se realizan una vez que se ha cerrado la venta del producto principal, consistentes en productos gancho o de compra por impulso que completan o añaden valor al producto principal se denominan...

    a. ... venta complementaria.
    b. ... venta sustitutiva.
    c. ... venta adicional.
    d. ... venta al por mayor.

8. La capacidad de reconocer nuestros propios sentimientos y los sentimientos de los demás, y la capacidad de motivar y manejar las relaciones que mantenemos con nosotros mismos y los demás se denomina...

    a. ... inteligencia emocional.
    b. ... empatía.
    c. ... asertividad.
    d. ... persuasión.

9. Indica si las siguientes afirmaciones son verdaderas o falsas.

    a. La técnica asertiva consistente en repetir de forma continua el punto de vista del vendedor se denomina técnica del disco rayado.

        ■ **Verdadero**
        ■ Falso

    b. La técnica asertiva consistente en crear dudas y poner al cliente en situación de desconcierto se denomina aserción negativa.

        ■ Verdadero
        ■ **Falso**

10. Relaciona cada gesto de comportamiento no verbal con su significado:

    a. Entrelazar los dedos.
    b. Mirar hacia abajo.
    c. Brazos cruzados.
    d. Golpear ligeramente los dedos.

    a. Autoridad.
    d. Impaciencia.
    b. No creer en lo que se escucha.
    c. Actitud defensiva.

Ejercicios de autoevaluación
Unidad de Aprendizaje 3

1. Indica si las siguientes afirmaciones son verdaderas o falsas.

a. La fidelización de los clientes requiere un proceso que parte de un profundo conocimiento de los mismos.

- ■ **Verdadero**
- ■ Falso

b. La empresa debe enfocar sus esfuerzos en retener a todos los tipos de clientes.

- ■ Verdadero
- ■ **Falso**

2. De las razones que influyen en la fidelización, el precio...

a. ... es el valor que se emplea para seleccionar ofertas.
b. **... no es la razón fundamental para la fidelización, aunque juega un papel fundamental.**
c. ... es la comodidad de un cliente a permanecer fiel a un producto.
d. ... es la calidad que percibe el consumidor.

3. Ordena las etapas por las que pasa un cliente desde que no conoce la empresa hasta que se convierte en prescriptor.

6. Cliente exclusivo.
2. Cliente potencial.
3. Comprador.
5. Cliente habitual.
1. Cliente posible.
4. Cliente eventual.
7. Prescriptor.

4. Relaciona cada servicio posventa con sus características.

   a. Psicológico.
   b. De seguridad.
   c. Promocional.
   d. De mantenimiento.

   c. Relacionado con la promoción de ventas.
   b. Lleva aparejado el servicio técnico.
   d. Dan protección por la compra del producto.
   a. Ligados a la motivación del cliente.

5. Ordena las fases del servicio posventa.

   1. Detección de una necesidad.
   3. Aplicación de la solución.
   4. Seguimiento del proceso.
   2. Tratamiento de la necesidad.

6. En las promociones, los elementos que aumentan el valor de lo que se promociona se denominan:

   a. Regalos
   b. Tarjetas de puntos
   c. Cupones
   d. Muestras gratuitas

7. ¿Cuál de los siguientes elementos se considera un inconveniente de la externalización de las relaciones con los clientes?

   a. Menor flexibilidad metodológica.
   b. Realización de inversiones concretas para objetivos concretos.
   c. Menor control en la gestión de resultados.
   d. Menor especialización.

8. Indica si las siguientes afirmaciones son verdaderas o falsas.

    a. Uno de los objetivos básicos del CRM es la retención de clientes por el mayor tiempo posible y lograr con ellos el mayor volumen de negocios.

        ■ **Verdadero**
        ■ Falso

    b. El CRM es una herramienta muy eficaz para medir la calidad de los productos o servicios que ofrece la empresa.

        ■ **Verdadero**
        ■ Falso

9. Los clientes que compran habitualmente y conocen los beneficios de comprar en un establecimiento se denominan:

    a. **Clientes maduros**
    b. Clientes adolescentes
    c. Clientes veteranos
    d. Niños

Ejercicios de autoevaluación
Unidad de Aprendizaje 4

1. Indica si las siguientes afirmaciones son verdaderas o falsas.

a. Para que una queja o reclamación sea válida, las partes en conflicto deben tener carácter de empresario y consumidor.

   ■ **Verdadero**
   ■ Falso

b. Para que una queja o reclamación sea válida, el conflicto debe derivar de una relación de consumo.

   ■ **Verdadero**
   ■ Falso

2. ¿Cuál de los siguientes organismos no se considera una vía de reclamación?

a. **OCIM**
b. Reclamación escrita
c. Tribunales
d. Servicios de consumo autonómicos

3. Señala la opción es correcta.

a. La ausencia de quejas implica siempre una elevada satisfacción del cliente.
b. **Las quejas de los clientes son un indicador habitual de una baja satisfacción del cliente.**
c. Las quejas siempre son perjudiciales para la empresa.
d. La mediación siempre soluciona las reclamaciones.

4. ¿Cuál de las siguientes no se considera una función de la Oficina Municipal de Información al Consumidor?

    a. Proporcionar asesoramiento sobre la reclamación.
    b. Informa sobre los derechos del consumidor.
    c. Media entre el consumidor y la empresa para la resolución de reclamaciones.
    d. Remisión de quejas a los tribunales.

5. Indica si las siguientes afirmaciones son verdaderas o falsas.

    a. El plan de acción para la resolución de quejas y reclamaciones de los clientes es igual en todas las empresas.

        ■ Verdadero
        ■ **Falso**

    b. Los clientes a los que se les resuelven los problemas con prontitud y eficiencia tienden a ser más leales que los que nunca han tenido un problema con la empresa.

        ■ **Verdadero**
        ■ Falso

6. ¿Cuál es la organización que se encarga de la protección de los derechos de la empresa?

    a. Direcciones de consumo de las comunidades autónomas.
    b. Oficina Municipal de Información al Consumidor.
    c. Cámaras de comercio.
    d. Confederación de empresarios.

7. Las hojas de reclamaciones constan de un juego de impresos auto-copiativos; relacione cada impreso con su destinatario:

    a. Folio blanco
    b. Folio rosa
    c. Folio verde

    b. Ejemplar para el establecimiento o prestador del servicio.
    c. Ejemplar para el consumidor o usuario.
    a. Ejemplar para la Administración.

8. Una vez que el consumidor entrega una hoja de reclamaciones, la empresa debe contestar en un plazo de...

    a. ... 5 días hábiles.
    b. ... 10 días hábiles.
    c. ... 14 días hábiles.
    d. ... 14 días laborables.

9. Indica si las siguientes afirmaciones son verdaderas o falsas.

    a. El arbitraje es un proceso flexible en el que interviene un tercero, que puede ser cualquier persona.

        ■ Verdadero
        ■ **Falso**

    b. En la conciliación interviene un organismo de consumo que tratará, por un lado, de que las partes (reclamante y reclamado) lleguen a una solución amistosa y, por otro, de esclarecer los hechos que motivan la reclamación.

        ■ Verdadero
        ■ **Falso**

10. De los siguientes supuestos, identifica cuál se puede resolver mediante la junta arbitral.

    a. Cuestiones en las que deba intervenir el Ministerio fiscal.

    b. Reclamaciones por un importe superior a 10.000 €.

    c. Cuando concurra intoxicación, lesión, muerte o existan indicios racionales de delito.

    d. Aquellas en las que las partes no tengan poder de disposición.

actividades

Actividad 1

A continuación, se presentan una serie de situaciones comerciales, ¿en cuáles de ellas sería necesario incluir un sistema de seguimiento y servicio posventa?

    a. Contratación de un seguro de automóvil.
    b. Compra de un lápiz en una papelería.
    c. Adquisición de un vehículo mediante *renting*.
    d. Compra de un vehículo de ocasión a un particular.

SOLUCIÓN

Tanto la adquisición de un vehículo mediante *renting* como la contratación de un seguro de automóvil necesitan de un soporte posterior a la venta, para posibles consultas que puedan tener los clientes.

Por otro lado, las respuestas incorrectas hacen referencia a actuaciones en las que por su valor monetario, facilidad de uso o responsabilidad del vendedor, no es necesario realizar un servicio posventa.

Venta online

Ejercicios de autoevaluación
Unidad de Aprendizaje 1

1. ¿En qué tipo de *e-Business* se realizan actividades empresariales dirigidas al cliente?

    a. B2A
    b. B2B
    c. B2C
    d. B2D

2. Identifica si las siguientes afirmaciones son verdaderas o falsas.

    a. El B2A es la estrategia que desarrollan las empresas comerciales para llegar directamente al usuario final utilizando medios electrónicos.

        ■ Verdadero
        ■ **Falso**

    b. El B2B es un servicio que ofrece la Administración, tanto a empresas como a ciudadanos, para realizar trámites administrativos a través de internet.

        ■ Verdadero
        ■ **Falso**

3. Relaciona cada campo del correo electrónico con sus características.

    a. CCO
    b. CC
    c. Bandeja de entrada
    d. Enviados

    b. Este campo permite que el correo se envíe a más de una persona.
    a. No se muestra la lista de destinatarios del correo.
    c. Es la carpeta en la que se reciben la mayoría de los correos.
    d. Es la carpeta en la que se almacenan los correos enviados.

4. Determina cuál de los siguientes elementos no pertenece a la clasificación del correo electrónico en función de su forma de pago.

    a. Correos gratuitos
    b. Correos asociados a un servicio
    c. Correo POP
    d. Correos de pago

5. Identifica si las siguientes afirmaciones son verdaderas o falsas.

    a. En el teletrabajo, la jornada laboral del trabajador se desarrolla en el domicilio del trabajador y en la empresa.

        ■ **Verdadero**
        ■ Falso

    b. Las personas que desarrollan el teletrabajo deben utilizar las Tecnologías de la Información y la Comunicación (TIC).

        ■ **Verdadero**
        ■ Falso

6. La lista de distribución en la que un suscriptor utiliza la lista de correo para enviar un mensaje al resto de suscriptores, los cuales pueden responder de la misma forma, pudiendo generar debates e intercambios de información, se denomina…

    a. … lista de debate.
    b. … boletín tradicional.
    c. … boletín electrónico.
    d. … cuenta de *e-mail.*

7. El conjunto de procedimientos que permiten situar una página web en un lugar óptimo entre los resultados proporcionados por un motor de búsqueda se denomina…

    a. … posicionamiento de metadatos.
    b. … posicionamiento web.
    c. … gestión de metadatos.
    d. … posicionamiento de marca.

8. **Determina cuál de las siguientes opciones se considera una ventaja del comercio electrónico desde el punto de vista del usuario.**

   a. Difusión
   b. Competitividad
   c. Expansión
   d. Accesibilidad

9. **¿Cómo se denomina el motor de búsqueda al que se dirige el servidor?**

   a. Servidores de aplicaciones
   b. SEO
   c. Plataforma del servidor
   d. Buscador de internet

Ejercicios de autoevaluación
Unidad de Aprendizaje 2

1. Los internautas que buscan su conveniencia de principio a fin y representan el segmento más atractivo para los comerciantes se denominan...

   a. ... rutinarios.
   b. ... conectores.
   c. ... simplificadores.
   d. ... surferos.

2. Identifica si las siguientes afirmaciones son verdaderas o falsas.

   a. Los usuarios conectores son aquellos que acaban de ingresar en la red y están buscando razones para navegar por ella.

      ■ **Verdadero**
      ■ Falso

   b. Los usuarios buenos negociantes visitan pocos sitios, normalmente de temática informativa o financiera, pero pasan casi el doble de tiempo que la media de usuarios en una página.

      ■ Verdadero
      ■ **Falso**

3. Relaciona cada tipo de *marketing* viral con sus características.

   a. Pásalo
   b. Viral incentivado
   c. *Marketing* encubierto
   d. *Marketing* del rumor

<u>c.</u> Se trata de un mensaje viral que se presenta como una web o noticia atractiva e inusual.

<u>b.</u> Se solicita a un usuario que pase un mensaje y se le ofrece por ello una recompensa.

<u>d.</u> El objetivo que persiguen estas campañas suele ser la búsqueda del enfrentamiento y la controversia.

<u>a.</u> Consiste en un mensaje en el que se anima al receptor a que lo envíe a sus contactos.

4. **El elemento de diseño de una página web que abarca las cuestiones referidas al diseño de prototipos y patrones, al estilo y diseño de la imagen gráfica, y a aspectos relacionados con la usabilidad y la accesibilidad, se denomina...**

   a. ... producción.
   b. ... definición.
   c. ... estampación.
   d. ... estructuración.

5. **¿Cuál de las siguientes opciones se considera un error en el diseño de las páginas web?**

   a. Utilizar un servidor de pago.
   b. Exponer la información de contacto.
   c. Conferir a la web un aspecto muy llamativo.
   d. Hacer un uso adecuado de los menús desplegables.

6. **Identifica si las siguientes afirmaciones son verdaderas o falsas.**

   a. La usabilidad mide cómo resulta de intuitiva y fácil de usar una página web para los usuarios.

   ■ **Verdadero**
   ■ Falso

   b. Una tienda virtual pura incita a sus clientes potenciales a visitar el servidor web del comerciante aun cuando no estén interesados en comprar en ese momento.

   ■ Verdadero
   ■ **Falso**

7. El *software* que asiste al cliente en su recorrido virtual por la tienda, anotando los productos que va indicando y calculando su importe final, se denomina…

    a. … trastienda virtual.
    b. … carrito de la compra.
    c. … PayPal.
    d. … CMS.

8. Relaciona cada tipo de descuento con sus características.

    a. Vale diferido
    b. Reembolso
    c. Producto adicional
    d. La oferta de autoliquidación

    a. Consiste en proporcionar un vale o cupón que suele ir adherido al producto en el envase, etiqueta o envoltorio.
    c. Esta oferta consiste en el incremento de la cantidad del producto, sin modificar el precio de venta al público.
    b. Este tipo de promoción consiste en el abono de una cantidad al cliente que anteriormente adquirió un producto mediante el envío de la prueba de compra.
    d. En esta promoción se puede acceder a la compra de un producto ofertado mediante la compra de un producto base, siendo ambos diferentes.

9. Determina cuáles son las características básicas del pago contra reembolso.

    a. Aumento de la confianza del cliente.
    b. Abono de cierta cantidad en concepto de fianza que se descuenta del pago final.
    c. Presenta un alto índice de riesgo para la tienda virtual.
    d. Las opciones a y c son correctas.

10. Identifica si las siguientes afirmaciones son verdaderas o falsas.

    a. Si un consumidor desea presentar una reclamación ante una empresa, en primer lugar, realizará una denuncia administrativa ante las autoridades competentes.

- ■ Verdadero
- ■ **Falso**

    b. Una vez celebrada la venta, el oferente del bien deberá acusar el recibo del pedido, ya que la orden de compra debe ser expresamente aceptada por el cliente, y confirmar la recepción de la aceptación del destinatario.

- ■ **Verdadero**
- ■ Falso

Organización de los procesos de venta

Ejercicios de autoevaluación
Unidad de Aprendizaje 1

1. **Relaciona cada tipo de producto con sus características.**

   a. Producto acondicionado
   b. Repuesto
   c. Componentes
   d. Subproductos

   b. Materiales que, aunque se comercializan por sí como tales, están relacionados con la existencia de productos principales de los que son componentes.
   a. Es el resultado de añadir a un producto final el acondicionmiento, es decir, que sean aptos para el transporte y su uso.
   d. Son los materiales no deseados, que se obtienen inevitablemente de cualquier proceso de fabricación y que tienen un determinado valor.
   c. Son las materias primas y los productos semielaborados que intervienen en la fabricación del producto terminado.

2. **Determina si las siguientes afirmaciones son verdaderas o falsas.**

   a. El aprovisionamiento por punto de pedido consiste en realizar los pedidos de materiales cuando en el almacén hay una determinada cantidad de *stock*.

      ■ **Verdadero**
      ■ Falso

   b. La planificación según las necesidades consiste en prever la demanda futura de un determinado artículo y realizar el aprovisionamiento conforme a dicha predicción.

      ■ **Verdadero**
      ■ Falso

3. Los bienes que se compran sin planearse o buscarse, que se encuentran al alcance en muchos lugares y que los clientes rara vez buscan, se denominan...

    a. ... bienes básicos.
    b. ... bienes gancho.
    c. ... bienes de impulso.
    d. ... bienes de emergencia.

4. Identifica con qué tipo de empresa relacionarías los siguientes tipos de *stock:* subproductos, coproductos y componentes.

    a. Empresas comerciales.
    b. Empresas de producción.
    c. Empresas de servicios.
    d. Empresas del sector agrario.

5. Determina cuáles son los peligros más relevantes durante el almacenamiento, conservación y exposición de los alimentos.

    a. Multiplicación bacteriana.
    b. Contaminación cruzada.
    c. Exposición a cambios drásticos de temperatura.
    d. Las opciones a y b son correctas.

6. Relaciona cada tipo de embalaje con sus características principales.

    a. Embalaje primario
    b. Embalaje secundario
    c. Embalaje terciario

    a. Es el lugar donde se conserva la mercancía; está en contacto directo con el producto.
    b. Suelen ser cajas de diversos materiales, cajas de cartón ondulado de diversos modelos muy resistentes.
    c. En el área de *picking* se suele trabajar con este tipo de envases, ya que en este área se preparan los pedidos de los clientes de acuerdo a sus exigencias de productos.

7. **Identifica si las siguientes afirmaciones son verdaderas o falsas.**

   a. Según el método ABC, los productos tipo A representan desde un 3 % hasta un 20 % del valor total de las existencias del almacén.

      - Verdadero
      - **Falso**

   b. Según el método ABC, los productos tipo B representan desde un 20 % hasta un 40 % del total de existencias en almacén.

      - **Verdadero**
      - Falso

8. **El modelo de previsión de la demanda en el que las ventas se suponen perfectamente conocidas y se distribuyen uniformemente a lo largo del año se denomina…**

   a. … modelo de Lorenz.
   b. … modelo estocástico.
   c. … modelo sistemático.
   d. **… modelo de Wilson.**

9. **Ordena las fases en la realización de un inventario.**

   <u>**c.**</u> Actualizar las fichas de almacén con los datos del inventario.
   <u>**a.**</u> Recuento y registro de cantidades.
   <u>**b.**</u> Verificación de las cantidades usando técnicas de muestreo.

10. **Determina si las siguientes afirmaciones son verdaderas o falsas.**

    a. El albarán es un medio de prueba legal que refleja las operaciones comerciales entre dos o más empresas.

       - Verdadero
       - **Falso**

b. La nota de entrega es muy parecida al albarán, en determinados casos se sustituyen.

- ■ **Verdadero**
- ■ Falso

11. **Las etiquetas que incluyen información sobre el lote y las características de fabricación de un producto se denominan:**

a. Etiquetas de peligrosidad.
b. **Etiquetas de trazabilidad.**
c. Etiquetas de instrucciones.
d. Etiquetas de envío.

12. **Identifica qué fórmula es de aplicación para el cálculo del ratio de rotación de existencias.**

a. Consumo anual de materias primas / Promedio de existencias de materias primas
b. 360 / Rotación de inventarios
c. **Coste anual de las ventas / Promedio de existencias**
d. Coste anual de las ventas / Existencia promedio de productos terminados

Ejercicios de autoevaluación
Unidad de Aprendizaje 2

1. **Relaciona cada una de las funciones del almacén con sus tareas asociadas.**

    a. Recepción de mercancías.
    b. Conservación y manutención.
    c. Almacenamiento.
    d. Organización y control de existencias.

    <u>c.</u> Localizar la mercancía en el lugar más idóneo.
    <u>a.</u> Comparar la información de albaranes y pedidos.
    <u>b.</u> Conservar la mercancía en perfecto estado desde su entrada hasta su salida.
    <u>d.</u> Determinar el nivel de *stock* de los productos almacenados.

2. **Identifica cuál de los siguientes se considera un principio básico del almacén.**

    a. Existirán, en todo caso, más de dos puertas para facilitar el desalojo en caso de emergencia.
    b. El personal del almacén deberá realizar todo tipo de funciones: registro de entradas y salidas, *picking,* almacenamiento, elaboración de albaranes, etc.
    c. La disposición de las estanterías en el almacén no debe ser susceptible de cambios.
    d. **La entrada al almacén debe estar prohibida a toda persona que no esté asignada a él, y estará restringida al personal autorizado por la gerencia o departamento de control de inventarios.**

3. **Relaciona cada técnica de almacenaje con sus características.**

    a. Carga unitaria.
    b. Cajas o cajones.
    c. Columnas.
    d. Contenedores flexibles.

a. Es un conjunto de existencias contenido en un palé.
b. Es la técnica de almacenamiento ideal para artículos de pequeñas dimensiones.
d. Se utilizan para el almacenamiento y movimiento de líquidos y sólidos a granel.
c. Se utilizan para acomodar piezas largas y estrechas.

4. Identifica cuál de las siguientes afirmaciones es una característica del sistema de almacenamiento por bloques apilados.

a. Se suele utilizar en almacenes con techos altos.
b. Se formarán bloques con grupos heterogéneos de productos.
c. Se usa en almacenes que no tienen una gran variedad de productos.
d. Se usa en almacenes que tienen una gran variedad de productos.

5. Identifica cuál de las siguientes afirmaciones es una característica del sistema de almacenamiento convencional.

a. Se adapta con facilidad y permite una distribución lógica del espacio en el almacén.
b. Su implantación es compleja, aunque se adapta sin inconvenientes a los programas de gestión informatizados.
c. Permite utilizar el método FIFO.
d. No es posible detectar con rapidez las roturas de *stock*.

6. Los almacenes que se utilizan cuando el trayecto es largo y hay que transportar grandes cantidades de mercancía se denominan:

a. Almacenes de zona.
b. Almacenes de tránsito.
c. Almacenes centrales.
d. Almacenes comarcales.

7. **Los almacenes cuya mecanización se reduce a los medios de transporte interno se denominan:**

   a. Almacenes automatizados.
   b. Almacenes cubiertos.
   c. Almacenes convencionales.
   d. Almacenes de zona.

8. **Identifica cuál de las siguientes se consideran áreas de apoyo a la actividad del almacén.**

   a. Zona de devoluciones.
   b. Aparcamiento de camiones.
   c. Zona de preparación.
   d. Zona de recepción y control.

9. **Identifica si las siguientes afirmaciones son verdaderas o falsas.**

   a. En la valoración primaria de un herido se comprobará su pulso y las heridas presentes en la cabeza y cuello.

   - Verdadero
   - **Falso**

   Ante cualquier accidente se debe activar el sistema de emergencia PAS (Proteger, Avisar y Socorrer).

   - **Verdadero**
   - Falso

10. **Ante una situación de emergencia, la persona que actuará desde el centro de control a la vista de las informaciones que reciba del jefe de intervención se denomina:**

   a. Equipo de segunda intervención.
   b. Jefe de bomberos.
   c. Equipo de primera intervención.
   d. Jefe de emergencia.

11. En la manipulación manual de cargas el peso máximo a levantar por una persona entrenada es de:

    a. 50 kg.
    b. 40 kg.
    c. 25 kg.
    d. 20 kg.

12. ¿Cuál de los siguientes elementos se corresponde con un equipo de protección individual?

    a. Calzado de seguridad
    b. Barandillas
    c. Ventilación general
    d. Redes de seguridad

Animación y presentación del producto en el punto de venta

Ejercicios de autoevaluación
Unidad de Aprendizaje 1

1. **¿Cuáles de las siguientes formas son válidas para la implantación de productos en la sala de ventas?**

   a. Implantación por naturaleza, por secciones y por locales.
   b. Implantación por lineales y por secciones.
   c. **Implantación por secciones, por lineales y por productos.**
   d. Implantación según criterios comerciales y no comerciales.

2. **Identifica si las siguientes afirmaciones son verdaderas o falsas.**

   a. El lineal a ras del suelo es la longitud de los expositores a nivel del suelo.

   - **Verdadero**
   - Falso

   b. El lineal desarrollado corresponde a la superficie total de la exposición, para su cálculo hay que tener en cuenta el número de muebles y las estanterías de cada uno.

   - **Verdadero**
   - Falso

3. **Ordena de mayor a menor concreción las siguientes categorías de artículos:**

   3. Subfamilias.
   5. Referencias.
   1. Sectores.
   2. Familias.
   4. Artículos.

4. Relaciona cada tipo de producto con sus características definitorias.

a. Productos de atracción.
b. Productos de compra impulsiva.
c. Productos de compra reflexiva.
d. Productos pesados o voluminosos.

<u>c.</u> Necesitan zonas amplias para meditar su elección.
<u>a.</u> Son los productos más vendidos, deben colocarse distantes entre sí para que el cliente recorra la mayor superficie del establecimiento posible.
<u>b.</u> Deben situarse cerca de las cajas de pago.
<u>d.</u> Deben favorecer la comodidad del establecimiento por su situación y la del consumidor para que permita la compra de otros productos.

5. Ordena las fases del proceso de decisión de compra.

<u>c.</u> Evaluación de alternativas y establecimiento de prioridades.
<u>d.</u> Decisión de compra.
<u>b.</u> Búsqueda de información sobre los productos que pueden satisfacer dicha necesidad.
<u>e.</u> Utilización del producto y evaluación poscompra.
<u>a.</u> Reconocimiento de un problema o necesidad.

6. Identifica si las siguientes afirmaciones son verdaderas o falsas.

a. La puerta de entrada al establecimiento comercial deberá situarse a la izquierda de la sala de ventas.

- Verdadero
- **Falso**

b. Las cajas deben situarse en el lado contrario a la puerta; lo más recomendable es la entrada a la derecha y las cajas a la izquierda.

- **Verdadero**
- Falso

7. Los lugares más transitados dentro de un establecimiento comercial se conocen con el nombre de:

    a. Cuellos de botella.
    b. Pasillos anchos.
    c. Zonas calientes.
    d. Zonas frías.

8. Identifica entre qué valores se sitúa el COS (Coeficiente de Ocupación del Suelo) óptimo.

    a. Entre 0,15 y 0,25.
    b. Entre 0,18 y 0,20.
    c. Entre 0,25 y 0,4.
    d. Entre 0,3 y 0,45.

9. En un escaparate, la iluminación que permite orientar la luz al sitio deseado, principalmente hacia el producto o elementos concretos de la composición, se denomina:

    a. Luz móvil.
    b. Luz fija.
    c. Luz directa.
    d. Luz semidirecta.

10. En el surtido de un establecimiento, el elemento que mide el número de familias distintas de productos que ofrece el establecimiento a sus clientes se denomina:

    a. Amplitud.
    b. Anchura.
    c. Profundidad.
    d. Estructura.

11. Identifica en qué gama de productos se incluyen las conservas y semiconservas.

    a. 1ª gama
    b. 2ª gama
    c. 3ª gama
    d. 4ª gama

Ejercicios de autoevaluación
Unidad de Aprendizaje 2

1. ¿Cuál es la disposición del mobiliario más común, que permite a los clientes elegir su circuito y facilitar la memorización más rápida de la ubicación de los productos?

    a. Disposición recta en parrilla.
    b. Disposición aleatoria.
    c. Disposición segregada.
    d. Disposición libre.

2. Identifica si las siguientes afirmaciones son verdaderas o falsas.

    a. La iluminación contribuye a crear diferentes ambientes en una misma superficie de venta y ayuda a la circulación del flujo de clientes en el establecimiento.

        ▪ **Verdadero**
        ▪ Falso

    b. Una mala elección del color del establecimiento puede hacer que los objetos se perciban con formas extrañas.

        ▪ Verdadero
        ▪ **Falso**

3. ¿Cuál es la longitud media de una góndola?

    a. 130 cm
    b. 132 cm
    c. 133 cm
    d. 135 cm

4. **Los estantes combinados con imágenes y carteles que se sitúan en el punto de venta para exhibir y promocionar determinados productos se denominan...**

   a. ... expositores.
   b. ... góndolas.
   c. ... vitrinas.
   d. ... islas.

5. **¿Qué es el lineal?**

   a. La superficie que ocupa todo el mobiliario en un comercio.
   b. **Es una medida de la longitud de exposición de los artículos en el establecimiento.**
   c. La superficie de exposición con la que cuenta un determinado mueble.
   d. Número de caras que un producto tiene en una estantería para que sea visible por los consumidores.

6. **Relaciona cada uno de los niveles del lineal con sus características.**

   a. Nivel superior.
   b. Nivel medio-superior.
   c. Nivel medio-inferior.
   d. Nivel inferior.

   <u>a.</u> Se considera un nivel poco vendedor, puede utilizarse como reserva para los días de mucha venta.
   <u>b.</u> Es el nivel más accesible y el más vendedor.
   <u>c.</u> Es el nivel que ofrece el producto, se considera un nivel muy vendedor.
   <u>d.</u> Se considera un nivel de percepción nula y supone para el comprador un esfuerzo para ver y coger el producto.

7. **¿Cuáles de las siguientes zonas del establecimiento comercial se consideran frías?**

   a. Zonas de espera.
   b. Zona de las cajas registradoras.
   c. **Columnas.**
   d. **Rincones de la tienda.**

8. Cuando se habla del término persuadir en la publicidad en el punto de venta, ¿a cuál de los siguientes conceptos se hace referencia?

    a. Mantener una elevada notoriedad del producto o servicio.
    b. Crear una imagen de empresa.
    c. Comunicar la aparición de un nuevo producto en el establecimiento.
    d. Atraer nuevos compradores.

9. Los pequeños muebles adaptados especialmente para contener y ofrecer artículos de compra impulsiva, que suelen ser proporcionados por el fabricante, incorporan su publicidad y que pueden ser de uso permanente, se denominan...

    a. ... expositor-presentador.
    b. ... caja expositora.
    c. ... expositor de suelo.
    d. ... *box* palé.

10. ¿Cómo se denominan los carteles ambientales que se emplean cuando los techos son muy altos?

    a. Carteles colgantes.
    b. Carteles orientativos de señalización.
    c. Carteles volumétricos.
    d. Carteles ambientales.

Ejercicios de autoevaluación
Unidad de Aprendizaje 3

1. **Relaciona cada concepto con su definición.**

   a. Envase
   b. Empaque
   c. Embalaje

   b. Envoltorio con el que a veces se presentan los productos para llamar la atención del comprador, es una herramienta promocional.
   c. Conjunto de materiales, procedimientos y métodos que se usan para acondicionar, presentar, manipular, almacenar, conservar y transportar la mercancía.
   a. Material que contiene o guarda un producto, forma parte integral de él.

2. **Los envases diseñados para constituir una unidad de venta destinada al consumidor final son:**

   a. Envases rígidos.
   b. Envases primarios.
   c. Envases semirrígidos.
   d. Envases secundarios.

3. **¿Cómo se denominan las etiquetas que tienen como objetivo principal identificar el contenido de un paquete?**

   a. Etiquetas de contenido.
   b. Etiquetas informativas.
   c. Etiquetas de manipulación y uso.
   d. Etiquetas de envío.

4. Identifica si las siguientes afirmaciones son verdaderas o falsas.

a. El *packaging* se considera uno de los elementos principales para colocar en un nivel u otro el producto a través de la imagen y calidad que transmite, utilizándose como medio para atraer al consumidor final.

- **Verdadero**
- Falso

b. El único elemento que influye en el *packaging* de un producto es su diseño.

- Verdadero
- **Falso**

5. ¿Cuáles de las siguientes características son propias de los empaques de papel?

a. **Ofrecen protección frente a la luz y el polvo.**
b. Alta resistencia a la humedad.
c. Son reutilizables.
d. **Pueden retrasar el deterioro del producto.**

6. Ordena las fases de envoltura de productos redondos.

1. Se pondrá el producto sobre una mesa.
4. Se ha de tener cuidado a la hora de dejar que sobre papel en los extremos, ya que puede que los pliegues no lleguen al centro de las caras planas; en tal caso, habrá que recortar dos círculos del mismo papel y colocarlo en la cara plana superior e inferior.
2. Se deja papel sobrante por ambos extremos.
5. El lado superior se puede adornar, utilizando para ello un lazo u otro adorno que ayude a decorarlo.
3. Se adapta el papel sobrante por los extremos a la forma plana, haciendo pliegues.

7. **El tipo de papel que se utiliza principalmente para cartonaje y encua-
dernación es...**

    a. ... cartón ondulado.
    b. ... cartulina.
    c. ... papel encerado.
    d. ... cartón gris.

8. **¿Qué tipo de material de envoltura se utiliza en la técnica japonesa
furoshiki?**

    a. Papel *kraft.*
    b. Papel de regalo.
    c. Tela.
    d. Se puede usar cualquier material siempre que se adorne con
       moñas, flores o lazos.

Ejercicios de autoevaluación
Unidad de Aprendizaje 4

1. **Identifica los datos que siempre deben aparecer en un informe de ventas.**

   a. Tipo de IVA de los productos que se venden y, en su caso, el recargo de equivalencia.
   b. **Datos del cliente.**
   c. **Día de la visita.**
   d. **Nombre y cargo de la persona con la que se habla.**

2. **Identifica si las siguientes afirmaciones son verdaderas o falsas.**

   a. El informe de ventas se suele trasladar a la gerencia de forma trimestral.

      - Verdadero
      - **Falso**

   b. Los informes de ventas son redactados por cada uno de los comerciales, que los entregan a la gerencia de forma mensual.

      - Verdadero
      - **Falso**

3. **En cuanto a los elementos que componen la estructura del informe, ¿qué apartado tiene como objetivo atraer la atención y despertar el interés del destinatario?**

   a. Título.
   b. **Introducción.**
   c. Cuerpo del informe.
   d. Conclusión.

4. En cuanto a los elementos que componen la estructura del informe, ¿qué apartado tiene como objetivo resumir los puntos principales del informe?

  a. Título.
  b. Introducción.
  c. Cuerpo del informe.
  d. Conclusión.

5. Identifica si las siguientes afirmaciones son verdaderas o falsas.

  a. Los informes deben redactarse de forma clara, resumida, objetiva y precisa.

    ▪ **Verdadero**
    ▪ Falso

  b. Los destinatarios de los informes suelen ser los gerentes de la empresa, por lo que disponen de mucho tiempo para su lectura. Se recomienda por tanto que los informes recojan el máximo de detalles para que los gerentes puedan tomar las decisiones adecuadas.

    ▪ Verdadero
    ▪ **Falso**

6. Al conjunto de artículos que un establecimiento comercial ofrece a la venta se le denomina:

  a. Referencia.
  b. Gama de productos.
  c. Surtido de productos.
  d. Surtido.

7. ¿Cuáles son los objetivos del surtido?

  a. Satisfacer las necesidades de los consumidores.
  b. Rentabilizar al máximo el punto de venta.
  c. Incrementar el *facing* de los artículos expuestos en el lineal.
  d. Ofrecer productos distintos a los de la competencia.

8. **Relaciona cada una de las características del surtido con su definición.**

    a. Amplitud.
    b. Profundidad.
    c. Coherencia.

    <u>**b.**</u> Indica el número de productos que contiene cada familia.
    <u>**c.**</u> Muestra la homogeneidad del surtido en el sentido de artículos complementarios o relacionados entre sí.
    <u>**a.**</u> Refleja el número de familias diferentes que se ofrecen al consumidor.

9. **Identifica a qué tipo de surtido hace referencia la siguiente afirmación: "consta de pocas familias y pocas referencias; como ocurre en los concesionarios de automóviles, los puestos de venta ambulante, las tiendas tradicionales".**

    a. Surtido profundo y amplio.
    b. Surtido profundo y estrecho.
    c. Surtido poco profundo y amplio.
    d. **Surtido poco profundo y estrecho.**

10. **Identifica si las siguientes afirmaciones son verdaderas o falsas.**

    a. La investigación de mercados es una técnica que consiste en observar y recopilar datos sobre el consumidor y sus preferencias.

    - **Verdadero**
    - Falso

    b. La investigación de mercados solo se realiza en el momento que se va a abrir un nuevo negocio o se va a lanzar al mercado un nuevo producto o servicio.

    - Verdadero
    - **Falso**

11. Según la pirámide de Maslow, las necesidades que se satisfacen con el sentimiento de afecto y pertenencia a un grupo son:

    a. Necesidades básicas.
    b. Necesidades de seguridad.
    c. Necesidades sociales.
    d. Necesidades de reconocimiento.

actividades

Actividad 1

Antonio es el responsable del almacén de una tienda de alimentación, y sabe que para un determinado producto el tiempo de entrega de proveedores es de 3 días, la cantidad media de referencias que se venden diariamente asciende a 15 uds. y mantiene un *stock* de seguridad en el almacén de 30 uds.

Identifica qué nivel de referencias debe quedar en el almacén para que Antonio realice el pedido al proveedor.

    a. 75 uds. de producto.
    b. 45 uds. de producto.
    c. 105 uds. de producto.
    d. 30 uds. de producto.

Solución

Para calcular el número de unidades hay que multiplicar el número de días que tarda en suministrar el producto el proveedor por el número de unidades que se venden diariamente. A eso hay que sumarle el *stock* de seguridad.

  ⮑ 15 x 3 = 45; 45 + 30 = 75 uds.

Actividad 2

Lidia trabaja en un supermercado y su superior le ha dado una relación de productos clasificados según la gama a la que pertenecen. Atendiendo a esta clasificación, Lidia deberá situarlos en una zona u otra de la sala de ventas. Realiza dicha clasificación.

    ⮑ Platos preparados a base de carne.
    ⮑ Bolsa de fruta pelada, lavada y cortada.
    ⮑ Carne y pescado fresco.
    ⮑ Pescados y carnes congeladas en crudo.
    ⮑ Fruta deshidratada.
    ⮑ Latas de atún.
    ⮑ Verduras frescas ultracongeladas.
    ⮑ Botes de espárragos.

⮑ **Champiñón laminado listo para el consumo.**
⮑ ***Pizza* precocinada.**

Solución

Gama I

⮑ Carne y pescado fresco.
⮑ Fruta deshidratada.

Gama II

⮑ Latas de atún.
⮑ Botes de espárragos.

Gama III

⮑ Pescados y carnes congeladas en crudo.
⮑ Verduras frescas ultracongeladas.

Gama IV

⮑ Champiñón laminado listo para el consumo.
⮑ Bolsa de fruta pelada, lavada y cortada.

Gama V

⮑ *Pizza* precocinada.
⮑ Platos preparados a base de carne.

Actividad 3

Imagina que formas parte del proceso de selección para pertenecer al cuerpo de asesores de un centro comercial. Como parte de las pruebas de selección, Identifica cuáles son los efectos que se consiguen con los distintos tipos de presentación de productos en el lineal.

a. La presentación horizontal facilita la búsqueda del producto.
b. La presentación cruzada provoca ventas por impulso.

c. **La presentación malla permite acercar al cliente a las zonas frías.**

d. **La presentación vertical permite que el cliente visualice los productos un mayor tiempo.**

Solución

Las respuestas correctas son las que hacen referencia a la presentación cruzada y a la presentación en malla. Los efectos que consiguen cada una de las presentaciones son los siguientes:

➲ Presentación horizontal: hace que la búsqueda del producto sea más difícil y los clientes deban dedicar más tiempo a la búsqueda del producto.

➲ Presentación cruzada: cuando el cliente busca determinadas referencias, encuentra otras cerca que las complementan.

➲ Presentación malla: lo consigue colocando productos de alta rotación en las zonas frías del establecimiento.

➲ Presentación vertical: facilita la búsqueda del producto, por tanto, el cliente dedicará menos tiempo a su búsqueda.

Actividad 4

Imagina que trabajas en un hipermercado como cajero, donde desde hace unos días la afluencia de público ha bajado y te han asignado una nueva labor. Debes colocar sistemas antihurtos a una serie de artículos. Relaciona cada sistema antihurto con el artículo en el que lo usarías.

a. Carcasas
b. Cable de acero
c. Etiquetas electrónicas antihurto
d. Vitrina
e. Anclajes

Solución

Los **DVD** se meterían **en carcasas** porque son artículos poco voluminosos, que se pueden sacar de su embalaje original y ocultar fácilmente.

Los **ordenadores** se protegerían **con el cable de acero** porque son artículos de precio alto y al estar expuestos, el cable también actuaría como elemento disuasorio.

Los **relojes** son artículos de gran valor que deben mostrarse con la supervisión de un empleado.

Los **abrigos de piel** se suelen proteger con cadenas o cualquier otro dispositivo que permita al cliente verlos y tocarlos, pero no permita que los pase a los probadores sin supervisión.

Generalmente en las etiquetas de la **ropa** se suelen incluir las **etiquetas electrónicas antihurto**.

Actividad 5

Aunque Antonio acude todos los fines de semana al supermercado más cercano a su domicilio, todavía no se ha percatado de que todas las superficies de ventas pueden dividirse en zonas frías y calientes, estableciendo con ello un recorrido idóneo desde el punto de vista del *marketing*.

Observa el siguiente plano de un local comercial e indica en él cuáles son las zonas frías y calientes.

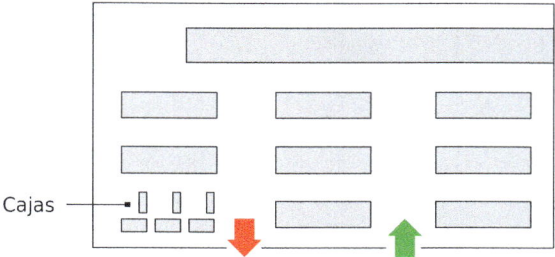

A continuación, observa la siguiente góndola e indica cuáles son los estantes fríos y calientes y los productos sustitutivos y complementarios de los espaguetis.

Alimentación

Azúcar	Azúcar	Zumo	Zumo	Garbanzos	Garbanzos	Vinagre	Vinagre	Nata	Nata
Espirales	Espirales	Macarrones	Macarrones	Fideos	Fideos	Espaguetis	Espaguetis	Café	Café
Aceite	Aceite	Macedonia	Macedonia	Caldo	Caldo	Tomate	Tomate	Pan	Pan
Sala precocinada	Salsa precocinada	Mermelada	Mermelada	Patatas	Patatas	Habichuelas	Habichuelas	Leche condensada	Leche condensada

Solución

Normalmente, el recorrido que realizan los clientes cuando entran a un establecimiento comercial es de derecha a izquierda, de forma que las zonas situadas a la izquierda de la entrada se corresponden con zonas frías, y las situadas a la derecha de la entrada con zonas calientes. Por otro lado, los pasillos sin salida se consideran zonas frías, mientras que las zonas de espera como la línea de cajas, se consideran zonas calientes en las que se generan ventas por impulso.

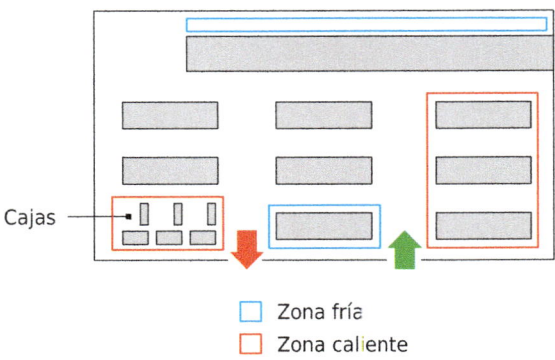

Cajas

☐ Zona fría
☐ Zona caliente

[140]

Con respecto a la situación de las zonas frías y calientes en las góndolas, se consideran zonas calientes los lugares a los que el consumidor tiene mejor acceso (altura de los ojos y de las manos) y zonas frías los lugares con peor acceso (nivel inferior y superior).

Por otro lado, se consideran productos sustitutivos aquellos que satisfacen una misma necesidad en el consumidor, como es el caso de las espirales, los macarrones y los espaguetis. Estos deberán ubicarse cercanos entre ellos. Los productos complementarios son aquellos que se utilizan o se pueden utilizar conjuntamente con otro tipo de productos. En el caso de los espaguetis, estos se suelen cocinar con tomate, nata o alguna salsa precocinada. Los productos complementarios también deben situarse cercanos entre sí.

_____

Actividad 6

El jefe de almacén de una importante empresa logística ha reunido esta mañana a los nuevos operarios, con objeto de averiguar cuáles son sus conocimientos actuales respecto al etiquetado de los productos.

Observa las siguientes etiquetas y determina en cuáles de los siguientes productos las ubicarías.

Productos alimenticios que se exponen en el punto de venta con la fecha de consumo preferente.

Envase de plástico que contiene 5 litros de ácido clorhídrico.

Productos obligados a mostrar información del lote.

Embalaje contenedor de vidrio.

Caja contenedora de 12 paquetes con 50 DVD cada uno.

Solución

Etiqueta	Descripción
	Caja contenedora de 12 paquetes con 50 DVD cada uno.
	Envase de plástico que contiene 5 litros de ácido clorhídrico.

Continúa en página siguiente >>

<< Viene de página anterior

Etiqueta	Descripción
	Embalaje contenedor de vidrio.
	Productos obligados a mostrar información del lote.
	Productos alimenticios que se exponen en el punto de venta con la fecha de consumo preferente.

[143]

Operaciones de caja en la venta

Ejercicios de autoevaluación
Unidad de Aprendizaje 1

1. **Identifica si las siguientes afirmaciones son verdaderas o falsas.**

   a. Un Terminal Punto de Venta es un aparato mecánico o electrónico que permite calcular y registrar operaciones comerciales, además de incluir un cajón para guardar el dinero.

   - **Verdadero**
   - Falso

   b. La caja registradora es un medio de cobro que permite a los establecimientos aceptar el pago de sus clientes sin dinero en efectivo.

   - Verdadero
   - **Falso**

2. **El TPV que consta de un equipo basado en un ordenador convencional con un *software* instalado sobre un sistema operativo estándar se denomina…**

   a. … TPV convencional.
   b. … TPV modular.
   c. … TPV compacto.
   d. … TPV matricial.

3. **¿Cuáles de los siguientes elementos debe contemplar obligatoriamente una factura?**

   a. Datos identificativos del emisor.
   b. Identificación del documento o número de factura.
   c. Base imponible.
   d. Deberá constar en alguna parte del documento el texto INTRA-COM cuando se trate de una factura emitida a un país extranjero.

4. En una caja registradora, el sistema que gestiona las funciones, almacena los datos y trata la información según los modos de gestión deseados se denomina...

    a. ... datáfono.
    b. ... núcleo del operador.
    c. ... unidad central.
    d. ... *hardware*.

5. ¿Qué tipo de caja registradora permite realizar devoluciones, anulaciones o especificar el medio de pago?

    a. Cajas registradoras mecánicas.
    b. Cajas registradoras iniciales.
    c. Cajas registradoras eléctricas.
    d. Cajas registradoras electrónicas.

6. Las impresoras que permiten obtener una copia a través de un calco se denominan:

    a. Impresoras láser.
    b. Impresoras matriciales.
    c. Impresoras térmicas.
    d. Impresoras de tinta.

7. Identifica si las siguientes afirmaciones son verdaderas o falsas.

    a. Los cajones portamonedas verticales cuentan con gavetas extraíbles para realizar las entradas y salidas de cambio de efectivo.

        ▪ Verdadero
        ▪ **Falso**

    b. Los cajones portamonedas verticales están especialmente diseñados para espacios pequeños.

        ▪ **Verdadero**
        ▪ Falso

8. ¿Cómo se denomina el dispositivo en forma de lápiz en cuya punta se localiza un haz de rayos?

    a. Escáner
    b. Pistola
    c. Láser pen
    d. Lápiz

9. ¿A qué corresponden los dos primeros dígitos de un código de barras con formato EAN-13?

    a. Código del país
    b. Código de empresa
    c. Código del producto
    d. Dígito de control

10. ¿Cuál de los botones del TPV borra los últimos caracteres introducidos?

    a. *Delete*
    b. Anula
    c. Dispensadora
    d. *Break*

Ejercicios de autoevaluación
Unidad de Aprendizaje 2

1. Identifica si las siguientes afirmaciones son verdaderas o falsas.

a. El pagaré es un documento escrito mediante el cual una persona se compromete a pagar a otra una determinada cantidad de dinero en una fecha previamente acordada.

- **Verdadero**
- Falso

b. El banco siempre debe hacer efectivo un cheque a su entrega.

- Verdadero
- **Falso**

2. Relaciona cada tipo de cheque con sus características.

a. Cheque conformado
b. Cheque cruzado
c. Cheque nominativo
d. Cheque al portador

<u>a.</u> El banco garantiza la autenticidad de la firma del librador y la existencia de fondos en la cuantía indicada en el cheque.
<u>c.</u> Emitido a favor de una persona determinada, donde se identifica a la misma con su nombre y apellidos.
<u>b.</u> Con este sistema, el cheque solo puede ser abonado mediante ingreso en la cuenta del beneficiario.
<u>d.</u> No se designa persona alguna, por lo que cualquiera podrá proceder a su cobro.

3. **Un cheque emitido en Francia y pagadero en España tendrá como plazo para su cobro…**

   a. … 15 días hábiles.
   b. … 20 días hábiles.
   c. … 15 días laborables.
   d. … 20 días laborables.

4. **¿Cuáles son las figuras que intervienen en el pagaré?**

   a. Librado
   b. Endosatario
   c. Beneficiario
   d. Avalista

5. **Identifica si las siguientes afirmaciones son verdaderas o falsas.**

   a. Cuando se utilizan las tarjetas de débito para retirar dinero o fraccionar pagos de productos, estas llevan aparejados unos intereses.

   - Verdadero
   - **Falso**

   b. En las tarjetas de crédito, el usuario puede pagar y retirar dinero, incluso, si su cuenta no tiene fondos, ya que prorroga el cobro hasta el siguiente mes.

   - **Verdadero**
   - Falso

6. **¿De cuántos días, por norma general, se dispone para ejercer el derecho de desistimiento de una compra que se ha realizado *online*?**

   a. 3 días
   b. 7 días
   c. 14 días
   d. 30 días

7. Los pequeños dispositivos de pago que contienen una memoria electrónica y, en ocasiones, un circuito cerrado, se denomina...

    a. ... dinero electrónico.
    b. ... dinero digital.
    c. ... tarjeta monedero.
    d. ... tarjeta inteligente.

8. ¿Cuáles de los siguientes datos deben aparecer obligatoriamente en un recibo?

    a. Número del recibo.
    b. Tipo de IVA.
    c. Recargo de equivalencia.
    d. Explicación del fundamento de pago.

9. Identifica si las siguientes afirmaciones son verdaderas o falsas.

    a. La factura es un documento que acredita la realización y el pago de una transacción comercial.

        ▪ Verdadero
        ▪ **Falso**

    b. Un recibo es un comprobante de pago que contiene datos de una compra efectuada, pudiendo justificar así que se ha producido una transacción.

        ▪ **Verdadero**
        ▪ Falso

10. El resultado de multiplicar el precio unitario de cada artículo por el número de unidades vendidas y sumar el importe de cada artículo es...

    a. ... el importe bruto.
    b. ... la cuota líquida.
    c. ... la cuota diferencial.
    d. ... la base imponible.

11. **¿Cuáles de los siguientes aspectos se consideran recomendaciones generales para mantener una buena higiene postural?**

    a. Realizar estiramientos completos cada dos horas.
    b. **Tener un espacio de trabajo adecuado.**
    c. **Evitar estar demasiado tiempo en la misma postura.**
    d. Realizar ejercicios a lo largo de la jornada laboral: rotación de cuello, movimiento de caderas, etc.

12. **¿A qué distancia deberá encontrarse la pantalla del usuario?**

    a. A menos de 40 cm.
    b. Entre 40 y 50 cm.
    c. **Entre 50 y 60 cm.**
    d. A más de 65 cm.

actividades

Actividad 1

Un cliente ha realizado una compra en su supermercado y necesita utilizar el TPV para realizar el cobro. A continuación, se muestran los productos que lleva el cliente:

- ➲ 2 kg de patatas: 1,80 €
- ➲ 2 docenas de huevos: 4,20 €
- ➲ 1 kg de manzanas: 1,60 €
- ➲ 6 pepinos cortos: 1,08 €
- ➲ 1 cabeza de lechuga: 1,30 €
- ➲ 1/2 kg de tomates: 0,70 €
- ➲ 2 l de aceite: 3,04 €
- ➲ 1 pollo troceado: 3,80 €

Dado que se trata de un cliente habitual, ha decidido hacerle un descuento de dos euros, ¿a cuánto ascenderá el importe de la compra?

a. 17,52 €
b. 19,13 €
c. 15,52 €
d. 14,52 €

Indica la secuencia de teclas que se pulsará en el TPV para calcular el vale descuento y proceder al cobro.

- ➲ **2 + tecla VALE + tecla SUBTOTAL + tecla TOTAL + IMPORTE + tecla CONTADO + tecla CLIENTE + tecla MOV CAJA.**
- ➲ VALE + 2 + tecla SUBTOTAL + CONTADO + tecla CLIENTE + tecla MOV CAJA.
- ➲ 2 + tecla VALE + tecla TOTAL + IMPORTE + tecla CONTADO + tecla CLIENTE + tecla MOV CAJA.
- ➲ Tecla TOTAL + IMPORTE + tecla CONTADO + tecla CLIENTE + tecla MOV CAJA.

SOLUCIÓN

Lo primero que se debe hacer a la hora de introducir un producto en el TPV es marcar la cantidad del producto y, a continuación, pulsar la tecla UNIDADES. Una vez realizados estos pasos, aparecerán en el visor del TPV las diferentes categorías de productos, en este caso, "Frutas y verduras", "Carnicería" y "Alimentación en general". Ahora lo único que tenemos que hacer es seleccionar el producto que deseamos sumar a la lista. Esta operación la repetiremos tantas veces como productos haya que introducir.

El segundo paso será la aplicación del vale de descuento. Para ello, tan solo hay que seguir la secuencia de teclas que aparece a continuación: cantidad + tecla VALE + tecla SUBTOTAL + tecla TOTAL. Por último, cuando haya que calcular el importe total de la compra, se utilizará la siguiente secuencia: tecla IMPORTE + tecla CONTADO + tecla CLIENTE + tecla MOV CAJA.

Actividad 2

Ángela Roldán, comercial del sector de la publicidad, ha recibido recientemente el finiquito por el cual se ha puesto fin a su relación laboral con la empresa para la que ha trabajado durante los últimos siete años. Aprovechando la coyuntura, Ángela va a acudir esta mañana a la sucursal más cercana para gestionar la operación y de paso cobrar un pagaré y dos cheques: uno nominativo y otro al portador.

Observa las siguientes imágenes de los documentos referidos en el enunciado y diferencia los principales elementos que les dan validez, relacionando cada zona con el texto correspondiente.

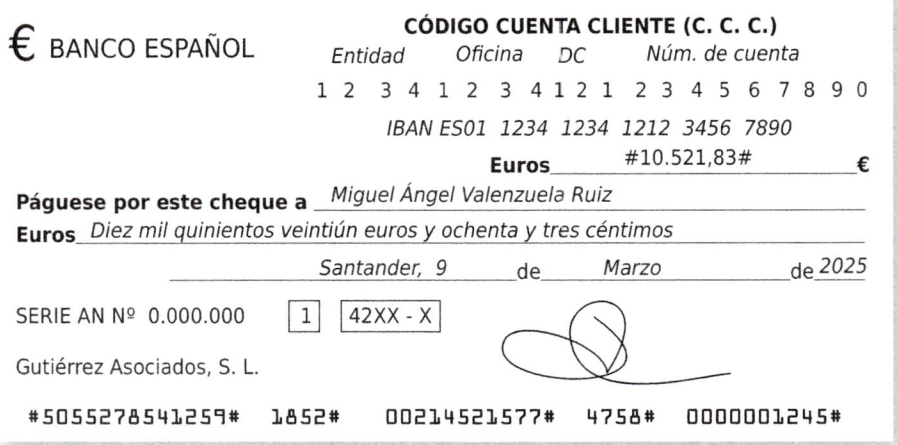

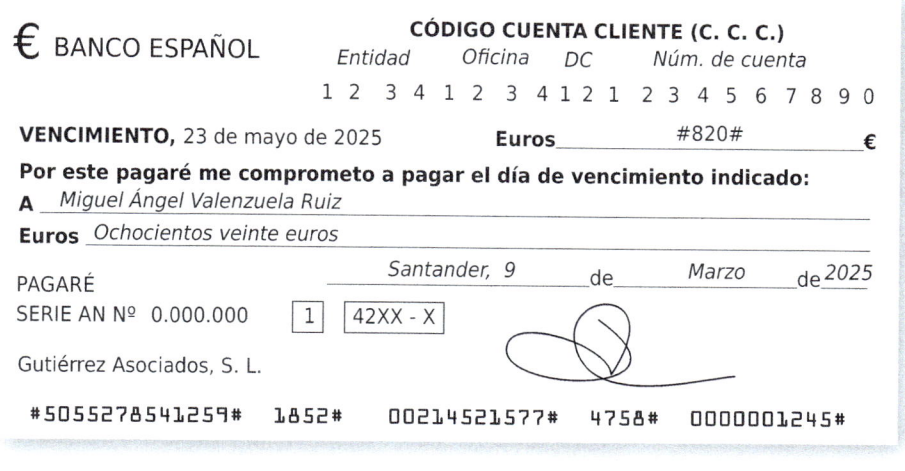

Entidad | **Titular de la cuenta** | **Firma** | **Firma del librador**

Oficina | **N.º de serie** | **Impresión magnética** | **N.º de cuenta**

Al portador | **D. C.** | **Vencimiento** | **Oficina pagadora**

SOLUCIÓN

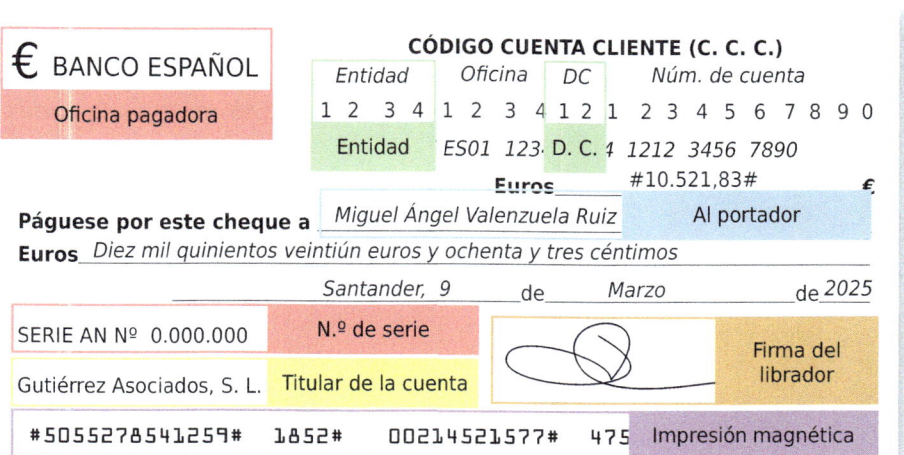

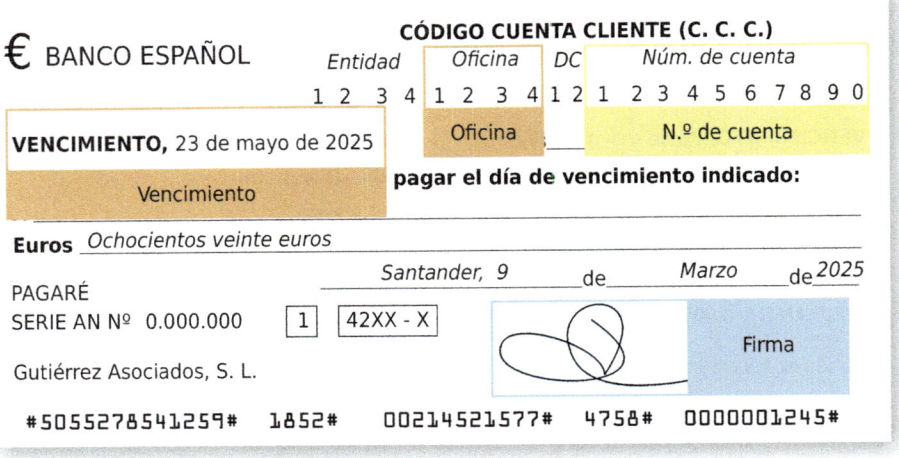

Actividad 3

Mª Luisa Martínez ha decidido abrir una cuenta corriente en la entidad bancaria que el resto de sus compañeros de trabajo, con objeto de domiciliar su nómina. Se trata de una clienta exigente y con una actitud hipercrítica, hasta el punto de que ha pedido al interventor de la sucursal que le explique las ventajas que presenta la tarjeta de crédito frente a la de débito, así como los componentes básicos de cada una de ellas.

Sabiendo esto, ayuda a la señora Martínez a diferenciar los elementos básicos que observe en las tarjetas de crédito y de débito expedidas a su nombre, relacionando cada elemento con el texto correspondiente.

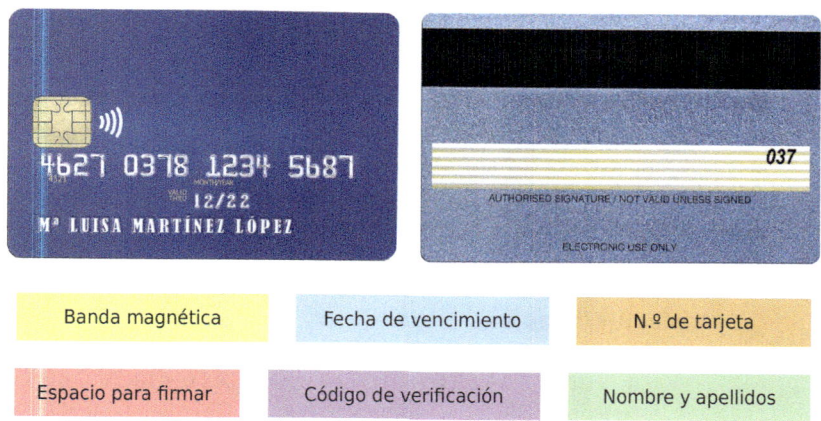

| Banda magnética | Fecha de vencimiento | N.º de tarjeta |
| Espacio para firmar | Código de verificación | Nombre y apellidos |

SOLUCIÓN

Banda magnética | N.º de tarjeta | Código de verificación

Nombre y apellidos | Fecha de vencimiento | Espacio para firmar

Actividad 4

Son las ocho y media de la tarde y la dependienta de una joyería está a punto de cerrar el establecimiento, en cuyo interior aguardan dos clientes a la espera de ser atendidos. El primero de ellos va a comprar un reloj de caballero con caja de acero y correa negra de piel por un importe de 1.295 € (pago con tarjeta de crédito).

1. Identifica la secuencia de teclas correspondiente para efectuar la operación de cobro:

   a. **Pulsar TARJETA + TOTAL + CLIENTE + MOV CAJA**
   b. Pulsar PROD + Reloj caballero + TOTAL + CLIENTE + MOV CAJA
   c. Pulsar UNIDS + Reloj caballero + TOTAL + CLIENTE + MOV CAJA
   d. Pulsar TOTAL + CONT + MOV CAJA

2. El segundo cliente ha decidido comprar un brazalete rígido de plata con pavé de circonitas, cuyo precio es de 230 € (pago en efectivo), previa devolución de otro de similares características valorado en 80 €.
   Identifica los pasos para realizar la devolución del brazalete, marcando la secuencia de teclas correspondiente:

   a. Pulsar DEV + Brazalete + TOTAL + CLIENTE + MOV CAJA
   b. **Pulsar 1 + UNIDADES + Brazalete de plata + PROD + DEV + SUB**
   c. Pulsar 1 + TOTAL + Brazalete de plata + PROD + DEV + SUB
   d. Pulsar 1 + UNIDADES + Brazalete de plata + PROD + DEV + MOV CAJA

3. Una vez realizada la devolución, efectúa el abono de la mercancía referida y el cobro y pago al contado o en efectivo del nuevo brazalete, marcando la secuencia de teclas correspondiente. Identifícala entre las siguientes opciones:

   a. 1 + UNIDADES + Brazalete circonitas + PROD + CONT + MOV CAJA
   b. **1 + UNIDADES + Brazalete circonitas + PROD + SUB + CONT + CLIENT + MOV CAJA**

c. 1 + UNIDADES + Brazalete circonitas + TOTAL + CONT + MOV CAJA

d. UNIDADES + Brazalete circonitas + PROD + SUB + CONT + CLIENT + MOV CAJA

SOLUCIÓN

1. Para la realización de una operación de cobro con tarjeta de crédito o de débito lo primero que debemos hacer es introducir el producto o los productos a abonar por el cliente; sin embargo, como en este caso el producto ya había sido introducido con anterioridad, el dependiente deberá pulsar directamente la tecla **TARJETA** y, tras la secuencia animada de la lectura de la tarjeta y la introducción del código PIN, deberá pulsar por este orden la tecla **TOTAL** + tecla **CLIENTE** + tecla **MOV CAJA.**

2. Para efectuar la devolución del artículo referido en el enunciado es necesario pulsar, en primer lugar, el número de productos a devolver por el cliente; en esta ocasión, el dependiente marcará 1; a continuación, y tras pulsar la tecla **UNIDADES**, aparecerá un menú interactivo en el que habrá que elegir el producto a devolver (brazalete de plata). Una vez seleccionando el artículo, el empleado deberá pulsar la tecla **PROD,** apareciendo automáticamente en pantalla el precio correspondiente al producto. Para finalizar el proceso es preciso comunicarle al TPV que se trata de una devolución. En este caso, el dependiente pulsará las teclas **DEV** y **SUBTOTAL,** con objeto de que aparezca en pantalla el importe de la devolución.

3. Para llevar a cabo el abono de la mercancía referida y el cobro y pago al contado o en efectivo de un producto, partiremos de la resolución del proceso anterior; de esta forma, con el importe de la devolución todavía en pantalla, el dependiente tecleará la misma secuencia que hemos visto hasta ahora para la introducción de los productos en el TPV, esto es, tecla numérica (cantidad) + tecla **UNIDADES** + selección del producto a adquirir (brazalete con circonitas) + tecla **PROD** + tecla **SUBTOTAL.** Una vez realizada esta parte de la secuencia, ya solamente habrá que pulsar la tecla CONT (Al contado) y, tras la secuencia animada de la transacción, marcar las teclas **CLIENT** y **MOV CAJA** para que quede registrado todo el proceso.

Gestión de la atención al cliente/ consumidor

Ejercicios de autoevaluación
Unidad de Aprendizaje 1

1. Identifica cuáles de los siguientes aspectos de la atención al cliente se dan después de la venta.

    a. Servicios de gestión y apoyo.
    b. Sustitución del producto.
    c. Trazabilidad del producto.
    d. Garantía.

2. ¿En qué se centra el servicio a clientes distribuidores?

El servicio a este tipo de clientes se centra en:

- Pedidos.
- Entregas.
- Pago a crédito.
- Reclamaciones, quejas y devoluciones.
- Información técnica.
- Piezas de reparación.

3. Indica cuáles son los principales servicios prestados por los *call centers.*

Los principales servicios prestados por un *call center* son:

- *Telemarketing:* lanzamiento de nuevos productos, relanzamiento de productos ya existentes, desarrollo de las relaciones más rentables, etc.
- Televenta: promociones, adquisición de bienes, etc.
- Encuestas y elaboración de bases de datos.
- Toma de pedidos.
- Ayuda social en catástrofes humanitarias.
- Información y consulta de horarios, productos, etc.
- Reservas en hoteles, billetes, etc.
- Soporte técnico.
- Emergencias y asistencia en línea.
- Servicio posventa.
- Etc.

4. Determina si las siguientes afirmaciones son verdaderas o falsas.

  a. La estructura organizativa formal analiza las relaciones que existen entre las personas de la organización.

  - Verdadero
  - **Falso**

  b. La estructura que analiza las relaciones entre los distintos elementos organizativos, buscando el logro de los objetivos empresariales, es la estructura organizativa formal.

  - **Verdadero**
  - Falso

  c. Las estructuras organizativas informales pueden ser representadas por un organigrama.

  - Verdadero
  - **Falso**

5. ¿Cómo se denomina el tipo de departamentalización consistente en agrupar las actividades semejantes según su función principal?

  a. Departamentalización funcional.
  b. Departamentalización por productos.
  c. Departamentalización por turnos.
  d. Departamentalización por procesos.

6. Identifica cuáles de las siguientes afirmaciones son correctas respecto al _marketing_ transaccional.

  a. Está orientado al corto plazo.
  b. Tiene como objetivo atraer y fidelizar clientes.
  c. Es un tipo de _marketing_ orientado al cliente.
  d. Hace poco énfasis en el servicio al cliente.

7. **Ordena las etapas del *marketing* relacional.**

8. Crear comunidad de usuarios
7. Desarrollar
1. Identificar
6. Fidelizar
2. Informar y atraer
3. Vender
5. Satisfacer
4. Servir

8. **Identifica si las siguientes afirmaciones son verdaderas o falsas.**

a. Las expectativas del cliente son el valor que el cliente considera que ha logrado tras la adquisición de un producto o servicio.

- Verdadero
- **Falso**

b. La insatisfacción se origina si el valor percibido por el producto no alcanza las expectativas del cliente.

- **Verdadero**
- Falso

9. **Según la pirámide de Maslow, ¿en qué categoría se engloban las necesidades de autorreconocimiento, respeto, prestigio y destacar dentro de un grupo social?**

a. Autorrealización
b. **Necesidades de estima**
c. Necesidades sociales
d. Necesidades de seguridad

10. **Ordena los pasos a seguir para la realización de un cuestionario.**

3. El orden de las preguntas.
2. La formulación de preguntas.
5. La prueba piloto.
1. La información que habrá de ser obtenida.
4. La forma del cuestionario.

11. Identifica si las siguientes afirmaciones son verdaderas o falsas.

a. Los datos secundarios son aquellos que la empresa había obtenido en estudios anteriores, es información que existe y se recolectó para otro propósito.

- **Verdadero**
- Falso

b. Según la naturaleza de la información, se pueden distinguir las fuentes de información internas y externas.

- Verdadero
- **Falso**

Ejercicios de autoevaluación
Unidad de Aprendizaje 2

1. **Cita y describe los elementos que integran un sistema de gestión de la calidad.**

   El Sistema de Gestión de la Calidad (SGC) es un conjunto de actividades empresariales, planificadas y controladas que se realizan sobre una serie de elementos para lograr la calidad. Entre los elementos que conforman este sistema se encuentran los siguientes:

   - Estructura organizacional: es la forma en que la empresa organiza a su plantilla según unas funciones y tareas, concretando así el papel que cada uno desempeña en la misma. Es decir, sería el organigrama que establece la empresa para alcanzar sus objetivos.
   - Planificación: supone las actividades que permiten a la empresa diseñar un plan para alcanzar los objetivos que se ha planteado.
   - Recursos: constituyen todo aquello que será necesario para poder conseguir materializar los objetivos de la organización (personas, equipos, infraestructura, dinero, etc.).
   - Procesos: son aquellos conjuntos de actividades que convierten elementos de entradas en productos o servicios. Todas las organizaciones desarrollan procesos, aunque no siempre están identificados.
   - Procedimientos: se definen como el conjunto de pasos que se precisan para poder transformar los elementos de entradas del proceso en productos o servicios.

2. **Identifica cuáles son los componentes básicos que presentan las normas ISO 9000.**

   a. Administración, producción y control de calidad.
   b. Aseguramiento de la calidad, administración y ventas.
   c. **Administración, aseguramiento de la calidad y sistema de calidad.**
   d. Sistema de calidad, control de costes y administración.

3. **Determina cuáles de los siguientes beneficios de un sistema de gestión de la calidad se consideran internos.**

   a. **Mayor conocimiento de la calidad.**
   b. Es una ventaja competitiva.
   c. Se mejora la satisfacción del cliente.
   d. **Mejora la comunicación.**

4. **Determina si las siguientes afirmaciones son verdaderas o falsas.**

   a. Conservar a un cliente satisfecho es competencia exclusiva del Departamento de *Marketing.*

   - Verdadero
   - **Falso**

   b. La calidad de los servicios se traduce en la mente del cliente como el rendimiento percibido.

   - **Verdadero**
   - Falso

5. **¿Cómo se denomina la situación en la que el desempeño percibido supera las expectativas del cliente?**

   a. Insatisfacción
   b. Satisfacción
   c. **Complacencia**
   d. Superación de expectativas

6. **Describe cuáles son las etapas del proceso de evaluación de la calidad de una empresa.**

   La evaluación de la calidad puede llevarse a cabo a través de un proceso que consta de tres etapas claramente diferenciadas:

   ➲ Evaluación interna: la propia empresa es quien evalúa su calidad. Un comité de autoevaluación del área que se vaya a analizar elabora un informe donde se destacan los puntos fuertes y débiles, y el plan de mejora.

➲ Evaluación externa: un comité formado por expertos externos revisa el informe de autoevaluación y también analiza la calidad por sí mismo; de esta forma, se evalúa la calidad y, en función de esto, se aportan sugerencias y recomendaciones. Este comité elabora el informe de evaluación externa.

➲ Plan de mejoras: tras recibir el informe externo, el comité de autoevaluación lo somete a una fase de audiencia pública para recoger sugerencias y posteriormente redactar el plan de mejoras definitivo, considerando su informe de autoevaluación, el informe externo y las sugerencias recibidas.

7. Determina si las siguientes afirmaciones son verdaderas o falsas.

a. El criterio de auditoría son las políticas y procedimientos con los que el auditor contrasta la información recopilada sobre la gestión de la calidad.

  ■ **Verdadero**
  ■ Falso

b. La evidencia de auditoría es la información que se obtiene sobre la empresa cuya calidad está siendo evaluada.

  ■ **Verdadero**
  ■ Falso

8. Identifica cuáles de las siguientes auditorías se encuentran englobadas por las auditorías del sistema.

a. Auditoría de la evolución de la calidad del producto.
b. Auditoría del producto.
c. **Auditoría sobre la organización.**
d. **Auditoría del sistema documental.**

Ejercicios de autoevaluación
Unidad de Aprendizaje 3

1. Indica quién tiene las competencias sobre el comercio interior en España.

   a. El Estado
   b. Las comunidades autónomas
   c. La legislación europea
   d. Las mancomunidades

2. El tipo de comercio en el que los fabricantes venden a un intermediario y no directamente al consumidor final se denomina:

   a. Comercio de proximidad
   b. Comercio minorista
   c. **Comercio mayorista**
   d. Comercio asociado

3. Determina si las siguientes afirmaciones son verdaderas o falsas.

   a. Una cooperativa de consumo se compone de personas individuales asociadas para comprar y vender sus productos y servicios en beneficio de sus miembros.

      ■ **Verdadero**
      ■ Falso

   b. El comercio asociado se da cuando una misma empresa incluye las funciones de mayorista y minorista.

      ■ Verdadero
      ■ **Falso**

4. Explica cuáles son las ventajas e inconvenientes que ha tenido la irrupción de los servicios de la información y el comercio electrónico en la actividad comercial.

La irrupción de los servicios de la información y del comercio electrónico ha tenido un notable impacto en la actividad comercial, dado que ofrece muchas ventajas, aunque al mismo tiempo presentan también algunos inconvenientes.

➲ Ventajas:

➲ Mejora de la eficiencia empresarial.
➲ Incremento de las posibilidades de elección de los usuarios.
➲ Aparición de nuevas fuentes de empleo.

➲ Inconvenientes:

➲ Elemento discriminatorio para todos aquellos que no disponen de él.
➲ Vacío legal en algunos aspectos.

5. El prestador que ejerce de manera efectiva una actividad económica a través de una instalación estable y por un período de tiempo indeterminado se denomina:

a. Prestador de servicios de intermediación.
b. Prestador de servicios establecido.
c. Prestador de servicios itinerante.
d. Prestador de servicios de la sociedad de la información.

6. Determina si las siguientes afirmaciones son verdaderas o falsas.

a. El secreto del éxito en las grandes superficies radica en su amplia oferta y en su política de precios bajos.

■ **Verdadero**
■ Falso

b. Las ventajas competitivas más significativas que poseen los pequeños comercios frente a los grandes son el servicio y la atención personalizada.

- **Verdadero**
- Falso

7. **Identifica cuáles de las siguientes son vías externas de reclamación.**

a. **Arbitraje.**
b. **Resolución alternativa de conciliación.**
c. **Vía judicial.**
d. Departamento de atención al cliente.

8. **Relaciona las siguientes sanciones según corresponda.**

a. Sanciones muy graves.
b. Sanciones graves.
c. Sanciones leves.

b. Envío masivo de comunicaciones comerciales.
c. No facilitar al cliente la revocación de su consentimiento para recibir comunicaciones comerciales.
a. Suspender el alojamiento de datos.

Técnicas de información y atención al cliente/ consumidor

Ejercicios de autoevaluación
Unidad de Aprendizaje 1

1. **En los siguientes casos, identifica cuál es una queja y cuál una reclamación.**

    a. Un cliente pide que le cambien la plancha que ha comprado por otra nueva que funcione bien.
    b. El cliente de un restaurante le dice al camarero que la sopa estaba un poco fría.
    c. En un centro comercial, una de las clientas le dice al chico que hay en el mostrador de atención al cliente que el baño estaba sucio.
    d. El comprador de un coche va al concesionario para denunciar que los frenos del vehículo estaban en mal estado y que estuvo a punto de tener un accidente.

    b, c. Quejas
    a, d. Reclamaciones

2. **En el hotel Bahía Azul, Ana, la recepcionista, recibe una llamada de una de las agencias de viaje que colaboran con el establecimiento. Le dicen a Ana que el próximo mes se alojarán en el hotel un grupo de 90 japoneses durante una semana.**

    Asocia cada acción informativa realizada por Ana con la fase del proceso de tratamiento y gestión de información correspondiente.

    a. Ana le dice a Pablo, el jefe de recepción, que llegará el grupo de 90 japoneses.
    b. Ana archiva los documentos que le han mandado de la agencia de viajes, con la información relativa a todos los clientes japoneses.
    c. Llaman al hotel Bahía Azul, diciendo que se alojará allí un grupo de 90 japoneses.
    d. La recepcionista, Ana, anota en la base de datos de reservas todos los datos relativos al grupo: n.º huéspedes, n.º habitaciones, nombres, fecha de estancia, etc.
    e. Ana redacta toda la información.

c. Recogida de información.

e. Elaboración de la información.

d. Registro de información.

b. Comunicación de la información.

a. Almacenamiento de la información.

3. **Determina cuáles de las siguientes afirmaciones son verdaderas o falsas.**

a. No importa el momento en el que se registre la información para que esta esté controlada.

- Verdadero
- **Falso**

b. La información primaria es aquella que se obtiene dentro de la empresa.

- Verdadero
- **Falso**

c. Los datos secundarios son los que mejor se adaptan al propósito de la investigación y los que menor coste tienen.

- Verdadero
- **Falso**

4. **Relaciona los siguientes elementos:**

a. Registros
b. Campos
c. Tablas
d. Lenguaje SQL

c. Conjunto de datos interrelacionados entre sí.

d. Permite especificar diversos tipos de operaciones y también permite hacer cambios y efectuar consultas con el fin de recuperar información.

a. Corresponden a las filas.

b. Corresponden a las columnas.

5. De las siguientes oraciones, indica cuáles son verdaderas o falsas.

    a. En el ámbito de la protección de datos, la información sobre la orientación sexual se incluye en la categoría de datos básicos.

        ■ Verdadero
        ■ **Falso**

    b. Los mecanismos de recogida y análisis de los datos personales se encuentran en constante evolución.

        ■ **Verdadero**
        ■ Falso

    c. En ocasiones, el ciudadano no tendrá derecho a controlar sus datos personales.

        ■ Verdadero
        ■ **Falso**

6. Julia, la encargada de la tienda de complementos Miss Accesories, debe realizar varios informes. Relaciona los siguientes tipos de informe que realiza según su contenido:

    a. Informe que evalúa la actitud de los empleados a su cargo con el público.
    b. Informe en el que se expone el *stock* sobrante en el comercio.
    c. Informe en el que se proponen diferentes alternativas para aumentar las ventas de una empresa.

    <u>**c.**</u> Informe resolutivo
    <u>**a.**</u> Informe valorativo
    <u>**b.**</u> Informe expositivo

7. Identifica qué información no es necesaria para realizar una reclamación.

    a. Causas que motivan la reclamación.
    b. Lugar, fecha y firma de la reclamación.
    c. Datos fiscales del reclamante.
    d. Identificación de la póliza, recibo o factura.

8. Determina cuál de los siguientes instrumentos se utiliza de forma general para hacer copias de seguridad.

    a. El lápiz de memoria
    b. El DVD
    c. Las cintas magnéticas
    d. El disco duro

9. ¿Cuál es el mejor sistema para almacenar planos o mapas?

    a. El archivo vertical
    b. El CD-ROM
    c. El archivo lateral
    d. El archivo horizontal

10. El derecho que impide la difusión de información personal falsa o irrelevante a través de internet, se denomina:

    a. Derecho al olvido
    b. Derecho de oposición
    c. Derecho de escisión
    d. Derecho de rectificación

11. Determina cuáles de las siguientes afirmaciones son verdaderas o falsas.

    a. A la hora de realizar un informe, en primer lugar, se acotará y determinará el tema que se va a tratar.

        ■ **Verdadero**
        ■ Falso

    b. Para recopilar la información de un informe deberán utilizarse siempre datos primarios.

        ■ Verdadero
        ■ Falso

c. A la hora de redactar un informe se debe utilizar un vocabulario amplio y técnico para darle valor.

- ■ Verdadero
- ■ **Falso**

12. Cita los aspectos generales que deben tenerse en cuenta en el contacto personal con un cliente que presenta una queja.

El personal en contacto con el cliente y, en especial, el encargado del tratamiento de reclamaciones, ha de conocer y enfatizar ciertos aspectos generales en el contacto personal con el cliente que presenta sus quejas:

- Mantener la calma y escuchar al cliente.
- Mostrar interés e investigar sus causas.
- Facilitar las vías de reclamación (interna) y tratar de solucionar el problema.
- Pedir disculpas.
- Despedida y agradecimiento.
- Gestión de la queja o reclamación

Ejercicios de autoevaluación
Unidad de Aprendizaje 2

1. **¿Cómo se denomina la comunicación que se dirige desde los niveles subordinados hacia la dirección?**

   a. Comunicación relacional
   b. Comunicación descendente
   c. Comunicación ascendente
   d. Comunicación lateral

2. **Relaciona cada uno de los elementos de la comunicación humana con su definición.**

   a. Emisor
   b. Canal
   c. Código
   d. Situación

   <u>b.</u> Es el medio por el cual se transmite la información.
   <u>a.</u> Es la persona que elige y selecciona los signos adecuados para transmitir el mensaje.
   <u>c.</u> Conjunto de reglas propias de cada sistema de signos y símbolos que el emisor utiliza para transmitir el mensaje.
   <u>d.</u> Tiempo y lugar en que se realiza el acto comunicativo.

3. **Determina cuáles de las siguientes afirmaciones son verdaderas o falsas.**

   a. La empatía es la capacidad de recibir y comprender las vivencias de otras personas, especialmente los estados de ánimo.

   - **Verdadero**
   - Falso

   b. La comunicación interpersonal es la que se produce en el interior de la persona, el diálogo de uno consigo mismo.

   - Verdadero
   - **Falso**

    c. La comunicación intermedia se produce cuando se comuni-
can dos individuos que se encuentran próximos entre sí.

- Verdadero
- **Falso**

4. ¿Cuál es el rol más adecuado para manejar información?

    a. León
    b. Lechuza
    c. Perro
    d. Hipopótamo

5. Identifica cuál de las siguientes barreras de la comunicación se considera ambiental.

    a. Excesiva rapidez hablando.
    b. Prejuicios relacionados con la edad.
    c. Uso incorrecto de los diferentes registros lingüísticos.
    d. Distracciones visuales.

6. Ordena las fases de una presentación.

    e. Expresar gratitud por haber conocido al interlocutor.
    c. Decir alguna cualidad que nos identifique.
    d. Entrega de una tarjeta de contacto.
    a. Saludo.
    b. Indicar nuestro nombre y apellidos.

7. ¿Cómo se denominan los gestos que se producen durante la comunicación verbal y que sirven para ilustrar lo que se está diciendo?

    a. Gestos ilustrativos
    b. Gestos patógrafos
    c. Gestos emblemáticos
    d. Gestos de adaptación

8. **Identifica con qué tipo de conducta se relaciona la siguiente frase: "Exagera para demostrar su superioridad, voz autoritaria y postura rígida".**

    a. Conducta asertiva
    b. Conducta pasiva
    c. Conducta autoritaria
    d. Conducta agresiva

9. **Explica en qué consiste la técnica asertiva denominada *el banco de niebla*.**

Esta técnica consiste en no negar, contrarrestar o defenderse de las críticas que se reciben. Se puede reconocer cualquier verdad contenida en la crítica que recibimos o reconocer la posibilidad de la verdad de la crítica, pero sin necesidad de pedir perdón, humillarnos o justificarnos por ello. Con esta técnica se da, de cierta manera, la razón al interlocutor y, aparentemente, se está cediendo. Sin embargo, el otro terminará por enterarse que tampoco se cambiará de opinión.

10. **Identifica cómo debe hablarse a una persona de carácter alegre.**

    a. El vendedor debe reflejar el mismo estado de ánimo.
    b. Si considera que la persona permanece anormalmente silenciosa o se muestra reacia a responder, hágale una pregunta abierta y escuche atentamente su contestación.
    c. El único modo de tratar con personas de este talante es escuchar, a la espera de oír algo que le dé pie a decir lo que le interesa.
    d. Tomaremos una determinación que nos interese y le diremos que, en su momento, ya se cambiarían las cosas, si es necesario.

11. **Cita los elementos principales que componen una carta.**

Para escribir una carta correctamente hay que seguir una serie de pasos e incluir unos elementos mínimos; estos son:

• Despedida
• Cuerpo de la carta
• Destinatario
• Fecha y lugar
• Membrete

actividades

Actividad 1

Jesús es empresario y su asesor le ha comunicado que necesita trabajar con una base de datos que le permita gestionar de forma adecuada su negocio. Este empresario no ha trabajado nunca con una base de datos y no conoce cuál es su función. Determina cuál es la función principal de una base de datos:

a. Además de almacenar información, deben contar con mecanismos para su clasificación que permitan recuperarla en el momento requerido.
b. Su única función es almacenar fichas de clientes.
c. Digitalizar toda la información relativa a la empresa.
d. Facilitar todas las operaciones que se realizan en la empresa y en el entorno empresarial.

SOLUCIÓN

La información es fundamental para la toma de decisiones en la empresa y para gestionarla de forma eficaz. Las organizaciones necesitan contar con bases de datos que, además de almacenar información, deben contar con mecanismos para su clasificación que permitan recuperarla en el momento oportuno.

En las bases de datos solo se debe almacenar información relevante para la empresa, de esta forma se asegurará la rápida recuperación de la información en el momento oportuno.

Actividad 2

Identifica cuáles son los aspectos principales a los que hace referencia la protección de datos en la LOPDGDD y la LSSI:

a. Según la LSSI las empresas están obligadas a informar a sus clientes sobre las responsabilidades que tienen si utilizan Internet con fines ilícitos.
b. Las empresas que realizan actividades económicas por Internet y que se encuentran en el ámbito de aplicación de la LSSI pueden disponer y tratar los datos personales de los usuarios libremente, sin requerir su consentimiento expreso.

c. **La LOPDGDD y el RGPD indican que el responsable tiene el deber de informar al interesado sobre determinados aspectos en el tratamiento de sus datos y los medios por los que puede ejercer los derechos en materia de protección de datos.**

SOLUCIÓN

En base a la LOPDGDD, los datos personales de los usuarios solo podrán ser tratados por los responsables del tratamiento cuando estos hayan prestado su consentimiento expreso para ello; salvo determinados casos regulados por la normativa de protección de datos.

El deber de información que recoge tanto la LOPDGDD como la LSSI obliga al responsable, entre otras cuestiones, a informar a los usuarios sobre las responsabilidades que tienen si utilizan internet con fines ilícitos; sobre quién trata sus datos, la finalidad y su base jurídica; sobre los medios que tienen a su alcance para ejercer los derechos atribuidos por la normativa de protección de datos.

Los datos de los usuarios se catalogan en tres categorías. Los datos básicos hacen referencia a datos identificativos (DNI, estado civil, etc.); los de categoría especial incluyen datos tales como religión, información de salud, datos biométricos, etc.; y la tercera categoría hace referencia a los datos relativos a condenas e infracciones penales.

Inglés profesional para actividades comerciales

Ejercicios de autoevaluación

Unidad de Aprendizaje 1

1. ¿Cuál de las siguientes frases se utiliza para exponer hechos en la presentación de información?

    a. **We're on Schedule.**
    b. I'm open to suggestions.
    c. Fair enough.

2. Indica si las siguientes frases son verdaderas o falsas.

    a. When closing a meeting we say: Time's running out.

    - **Verdadero**
    - Falso

    b. When thanking participants we say: Can we just recap on what's been agreed?

    - Verdadero
    - **Falso**

    c. When dealing with different views we say: I understand what you are saying.

    - **Verdadero**
    - Falso

3. Señala si las siguientes frases son para invitar o para responder a invitaciones.

    - Maybe we can take this further over dinner.
    - I was wondering if we could meet.
    - Let me just check my diary.
    - What time would suit you best?
    - Would Tuesday be good for you?

Solución

Invitar

- ⮥ Would Tuesday be good for you?
- ⮥ Maybe we can take this further over dinner.
- ⮥ I was wondering if we could meet.

Responder

- ⮥ Let me just check my diary.
- ⮥ What time would suit you best?

4. Relaciona cada término en inglés con su traducción en español.

- a. Welcome to…
- b. Let me introduce myself.
- c. I'm going to talk about…
- d. Greetings.
- e. Purpose.

b. Dejen que me presente.
c. Voy a hablar de…
e. Propósito.
a. Bienvenidos a…
d. Saludos.

5. Indica si las siguientes frases son verdaderas o falsas.

a. Un ejemplo de comunicación escrita formal es el *e-mail*.

- ▪ Verdadero
- ▪ **Falso**

b. El acta es un tipo de comunicación escrita informal.

- ▪ Verdadero
- ▪ **Falso**

c. Cuando escribimos a un compañero, nos despedimos con "Take care".

- **Verdadero**
- Falso

6. Completa las siguientes frases con "catalogues", "conversation", "order", "address".

a. We **address** you by means of this letter to...
b. We send the requested **catalogues**...
c. Thank you very much for your **order**...
d. As we agree in the **conversation** of the day...

7. Relaciona cada término en inglés con su traducción en español.

a. Good customer service
b. Reliability
c. Being helpful
d. I'm sorry to bother you, but...
e. I think you might have forgotten to...

d. Siento molestarle, pero...
e. Creo que puede haber olvidado que...
a. Buen servicio al cliente
b. Fiabilidad
c. Ser amable

8. Completa las siguientes frases con "understand", "happened", "promise", "problem".

a. What seems to be the **problem?**
b. I **promise** you I'll...
c. I'm just trying to **understand** the problem.
d. What **happened** exactly?

9. Indica si las siguientes frases son verdaderas o falsas.

a. La respuesta por correo electrónico a una reclamación debe ser larga.

- ■ Verdadero
- ■ **Falso**

b. La comunicación telefónica se trata de un medio frío y distante, que exige una mayor formalidad en las reclamaciones.

- ■ **Verdadero**
- ■ Falso

c. Para atender a las reclamaciones, es mejor utilizar un lenguaje que se adapte al tipo de comunicación del cliente.

- ■ **Verdadero**
- ■ Falso

10. Identifica cuál de las siguientes frases se puede utilizar para solucionar problemas.

a. Are there any questions?
b. Beyond all reasonable expectation...
c. I think it will be good to...
d. Do you know each other?

11. ¿Qué expresión utilizarías si quisieras saludar a las diez de la noche?

a. Good morning
b. Good night
c. Good afternoon
d. Good evening

12. ¿Cuál de las siguientes expresiones se utiliza para realizar invitaciones?

a. How do you fancy going...
b. It´s my pleasure.
c. Do you mind...?
d. I'm afraid that you are mistaken.

Ejercicios de autoevaluación

Unidad de Aprendizaje 2

1. **Relaciona cada término en inglés con su traducción en español.**

   a. After-sales service
   b. Expensive
   c. A glass of…
   d. Delivery
   e. In cash
   f. Free

   c. Un vaso de…
   d. Entrega
   e. Al contado
   a. Servicio posventa
   f. Gratis
   b. Caro

2. **¿Cuáles de las siguientes características de un producto o servicio corresponden a las funcionales?**

   a. Calidad y marca
   b. Color y tamaño
   c. Composición y cualidades
   d. Tamaño y prestigio

3. **Identifica si las siguientes afirmaciones son verdaderas o falsas.**

   a. La estrategia de precios de prestigio consiste en fijar un precio inicial bajo, para conseguir entrar en el mercado de forma rápida y eficaz.

   ■ Verdadero
   ■ **Falso**

b. La estrategia de centrarse en lo que hacen los competidores puede realizarse estableciendo precios superiores, para transmitir una imagen de calidad.

- ■ **Verdadero**
- ■ Falso

c. Los descuentos por volumen no acumulativos tienen el fin de lograr compras frecuentes y conseguir así la fidelización del cliente.

- ■ Verdadero
- ■ **Falso**

4. Completa las siguientes frases con "like", "pay", "size" y "guarantee".

a. What **size** are you?
b. What would you **like**?
c. Has it got a **guarantee**?
d. Can I **pay** in cash?

5. Ordena las palabras para formar las frases correctas.

a. I / the / suppose / included / the / transport / is / in / price.
b. colour / What / for? / you / looking / are

Solución

a. I suppose the transport is included in the price.
b. What colour are you looking for?

6. Indique si las siguientes frases son verdaderas o falsas.

a. Para decir: "¿Cuánto pesa?", diremos: "How long is it?".

- ■ Verdadero
- ■ **Falso**

b. Una técnica para detectar las necesidades del cliente es la investigación de mercados.

- ■ **Verdadero**
- ■ Falso

c. El vendedor utiliza preguntas cerradas, con el fin de condicionar y orientar al cliente para que responda lo que le interesa.

- ■ Verdadero
- ■ **Falso**

7. Relaciona cada término en inglés con su traducción en español.

a. I appreciate...
b. I was thinking...
c. I am not interested on it
d. Let me consult
e. I've got stocks right now

c. No me interesa
e. Ahora tengo existencias
d. Déjeme que lo consulte
b. Estaba pensando...
a. Agradezco...

8. Las objeciones falsas podemos clasificarlas en...

a. ... **evasivas, pretextos y prejuicios.**
b. ... duda, malentendido e indiferencia.
c. ... evasivas, malentendidos y prejuicios.
d. ... ocultas, subjetivas y objetivas.

9. Completa las siguientes frases con "accept/discount", "receive/ days", "offer/details" y "see/interested".

a. After showing the **offer,** I'm going to take note of your **details.**
b. I can **see** you are quite **interested** on our offer.
c. Remember you'll **receive** it at home in a couple of **days.**
d. If I **accept** it right now, can I get the **discount?**

10. Relaciona cada término en inglés con su traducción en español.

a. By no means
b. Greeting
c. Don´t mislead
d. Farewell

c. No despistar
d. Despedida
a. De ninguna manera
b. Saludo

11. Identifica si las siguientes afirmaciones son verdaderas o falsas.

a. El idioma interviene en un 93 % de la comunicación.

■ Verdadero
■ **Falso**

b. Para elaborar el argumentario de ventas hay que suministrar al profesional información exhaustiva sobre el producto, la empresa y el mercado.

■ **Verdadero**
■ Falso

12. ¿Cuál de las siguientes características no corresponde a preparar una exposición?

a. Pensar en posibles preguntas que puedan hacernos y pensar una respuesta satisfactoria.
b. Si nos hacen una pregunta comprometida, sugeriremos discutirla al final de la sesión.
c. No hace falta llevar el orden de nuestra presentación, simplemente se desarrollará según vaya dando lugar.

Ejercicios de autoevaluación
Unidad de Aprendizaje 3

1. Indica si las siguientes afirmaciones son verdaderas o falsas.

a. El descuento por pronto pago se realiza cuando el pago es por plazos.

  - Verdadero
  - **Falso**

b. El recibo lo emite la persona que cobra una cantidad de dinero.

  - **Verdadero**
  - Falso

2. Relaciona cada término en inglés con su traducción en español.

a. Amount
b. Delivery date
c. Cash on delivery
d. Tax base
e. Address
f. Complaint form

e. Dirección
c. Pago a la entrega
a. Cantidad
f. Hoja de reclamación
b. Fecha de entrega
d. Base imponible

3. ¿Cuál de los siguientes datos no aparece en una factura?

a. Total amount of the invoice.
b. Buyer's identification.
c. Complaint form.

4. Indica si las siguientes afirmaciones son verdaderas o falsas.

a. Los documentos tipo facturas, pedidos, albaranes o gestión de pagos solo se realizan de manera manual.

- ■ Verdadero
- ■ **Falso**

b. Una carta de reclamación puede tratar el descontento con un proveedor.

- ■ **Verdadero**
- ■ Falso

5. Completa las siguientes frases con "complaint", "discount" y "invitation".

a. This is an **invitation** to our new installations.
b. Complete the following **complaint** form.
c. During the next month any reservation will get a 40 % **discount**.

6. Relaciona cada expresión en inglés con su traducción en español.

a. I am writing concerning...
b. We have pleasure in...
c. We look forward to your reply
d. Enclosed is our firm order to...

c. Esperamos su respuesta
d. Adjunto nuestro pedido en firme
a. Le escribo respecto a...
b. Nos complace...

7. ¿Cuál es el objetivo de una carta de reclamación?

a. Reponer la mercancía en *stock*.
b. Enviar información sobre nuevos productos.
c. **Hacer cumplir el acuerdo al que previamente se había llegado.**

8. Completa las siguientes frases con *"inconvenience", "solve"* **y** *"damaged".*

    a. You have still not given us any explanation for the **damaged** goods.
    b. We will **solve** the situation as soon as possible.
    c. We are sorry for any **inconvenience** that we may have caused you.

9. Escribe seis de las abreviaturas más usadas en la comunicación por carta y su traducción en inglés.

    1. admón. / Administración / Administration
    2. c/c / Cuenta corriente / Bank account
    3. Cía. / Compañía / Company
    4. dto. / Descuento / Discount
    5. lib. / Librado / Drawee
    6. p. a. / Por autorización / By authorization

10. Identifica cuáles son los tipos de informe según su contenido.

    a. Expositivo, valorativo y resolutivo.
    b. Personal, resolutivo y expositivo.
    c. Independiente, personal e informativo.
    d. Informativo, valorativo y expositivo.

11. Completa las siguientes frases con *"letter", "due"* **y** *"deal".*

    a. It is **due** to the fall in the sales during last year.
    b. This call has been hold through a **letter** sent by the president.
    c. There is no other point to **deal** with.

actividades

Actividad 1

Asocia los huecos que aparecen enumerados en la siguiente factura con el contenido correspondiente.

➲ **Reference:** Long sleeved - Small: 0401 // Long sleeved - Medium: 0402 // Long sleeved - Big: 0403 // Short sleeved - Small: 0201 // Short sleeved - Medium: 0202 // Short sleeved - Big: 0203.

➲ **Price:** Long sleeved 35 €/u // Short sleeved 30 €/u.

➲ **Order:** 35 long sleeved shirts and 20 of short sleeved, both of small size; 40 short sleeved shirts of medium size, and 20 long sleeved shirts of big size.

Al que se aplica un descuento comercial del 8 % y se cargan unos portes de 30 €.

FACTURA EMITIDA POR **CONFECCIONES LUZ, S. L.** **C/Alfileres, 15** **45340 Toledo**	Sr. D. Luque C/ Lagos, 12 28042 Madrid
CIF O DNI: B-45435677	CIF o DNI: 25.012.532-A

FACTURA N.º 114

CANTIDAD/ AMOUNT	DESCRIPCIÓN/ DESCRIPTION	PRECIO UNITARIO/ PRICE	IVA / VAT %	IMPORTE / TOTAL
1	Long sleeved shirts, small size (0401)	35	18	**2**
20	Short sleeved shirts, small size (0201)	**3**	18	**4**
5	Short sleeved shirts, medium size (0202)	30	18	1.200
20	Long sleeved shirts, big size (0403)	35	18	**6**
	Subtotal:			3.725
	Descuento / Discount: 8%			-298
	Portes / Freightages:			30
	TOTAL			3.457
IVA / VAT	18 %	__ %	__%	
BASE IMPONIBLE / TAXABLE INCOME	3.457			3.457
				622,26
	TOTAL FACTURA / TOTAL INVOICE			4.079,26

Relaciona cada uno de los números de la columna derecha con la cifra correspondiente de la columna izquierda:

a. 1   a. 600
b. 2   b. 30
c. 3   c. 35
d. 4   d. 700
e. 5   e. 1225
f. 6   f. 40

SOLUCIÓN

Al número uno le corresponderían 35 uds., al dos 1.225 €, al tres 35 €, al cuatro 600 €, al cinco 40 uds. y al seis 40 €.